【びじゅある講談】

おもしろい町人《まちんちゅ》

太郎次郎社エディタス

延藤安弘

住まう 遊ぶ つながる 変わる、まち育て

前口上

「まちの縁側というタイトルで学生たちに設計演習を出したんやが、
あんた来て、学生の設計案を批評してやってはくれまいか。
だいたいまちの縁側とは、
あんたが言い出しっぺの言葉なのやから」。
そう友人に言われて、
大阪の大学の建築ゼミに呼ばれたことがございます。

大阪は都心のど真ん中、
天満《てんま》に「空堀《からぼり》」と呼ばれる地域がございます。
太閤秀吉さんがほんまの堀をつくるんではなく、
地形的に堀のように見えるところを守りの布陣としたという、
歴史的謂《いわ》れのあるまちが、さいわいなことに戦災を免れて焼け残り、
戦前そのままの密集長屋がつづいております。
くだんの先生、学生たちにまっさら白地をあてがうのでなく、
長屋ひしめく路地の奥に「まちの縁側」つくってみよと課題を出せば、
学生たちは語らいつつ、天満は空堀なる地へと赴きます。

さて、路地の奥へとわけいれば、これは大阪にかぎりません、
どの町でも、古い住民はよそ者が来たといぶかるのでございますが、

案の定、その町の住民も、学生がのこのこはいってゆき、
うろうろするのを見とがめて、「なにしてるんや」と声かける。
言われて学生身を細め、思わず小さな声を出し、
「まちの縁側、つくるんです」と言うたとたんにそのおっちゃん、
「まちの縁側？ それ、ええ話や、わしも応援したるで」と、
なにも説明するまえから身を乗り出しての急展開。
そこへくわえて言いますは、
「二、三本向こうの路地へ行ってみい。
あそこの長屋のおばあちゃんが、『みんなの家』と看板出して、
いっしょにご飯つくって食べようと言うてるで。
あれもおまえら言うところの、まちの縁側とちがうんかい」。
さっそくそのおばあさんを訪《おとな》えば、
おばあちゃん「ようきた、ようきた」と招きいれ、
初めて出会った、茶髪の、わけわからずの若者にご飯をふるまう。

さて、みなさま——。

かつてはまちにも田舎にも、縁側というものがございました。
お若いかたにはなじみがなくとも、
ある世代以上には、あそこに行けばなにかええこと起こるかも、と、
人の気持ちを湧きたたせ、人と人とのあいだに心地よい風が吹き渡る、
そういうやわらかい場所、それが縁側でございました。
今日、「行政と市民」とか、
「教師と学生」とか、「障がい者と健常者」とか、

とかくわけへだての多い時代とはなりましたが、
縁側は、そのわけへだてを解きほぐし、やわらかくも無境界な、
しきいのない関係のメタファー（比喩）であることを、
かつて縁側生活を経験したことのある庶民は直感的に感じとり、
さればこそ、「まちの縁側、ええ話や、やってみい」
と言うたわけではございましょう。
私たちの営みますＮＰＯ「まちの縁側 育くみ隊」は、
大工よろしく、なにも実際の縁側をつくろうというのではございません。
ただいま申しあげた意味あいで、
内と外とに切断されたる関係をつなぎ直し、
あらゆるところに「ご縁」の世界を結びたい。
森羅《しんら》万象《ばんしょう》が結びあうような場所づくりへと赴きたい。
そのようなこころざしを、
ＮＰＯの視点から展開しているのでございます。

さて、みなさま——。

まちづくりという言葉は、日本において、
いつごろ生まれたものでしょう。
一九六〇年代以前から日本語にあったものでしょうか。
それいけドンドンの六〇年代、七〇年代、
高度成長の時代に生まれたものでありましょうか。
それとも今日、どこの行政もまちづくりと言うているからは、
最近発明の言葉でしょうか。

いまは昔、一九六二、三年、
名古屋は都心ちかくの栄東《さかえ・ひがし》地区で、
戦災復興の土地区画整理事業が行なわれておりました。
道路を広げるためにわが家の敷地が切られてしまう。
時代の流れで道路拡幅《かくふく》はしかたがないと思った住民たちは、
家の建てかえを受けいれます。
とはいえ、自分勝手に建てるのではなく、
お隣さんと協働で建てかえなければええまちにならん。
一六五ヘクタールのおよそ中学校区ほどの広がりのなか、
まちの将来像をみんなで考えようという議論が起こってまいります。
その活動のなかで、布団《ふとん》屋の三輪田さんというおっちゃんが、
さかんに言うた「まちづくり、まちづくり」という言葉、
それが今日、法律・制度用語にも定着した
この言葉のそもそものはじまり。
さればこそ、初発においてまちづくりというこの言葉は、
住民が身近な環境ソフト――人間関係を高めながら、
ハードの建築環境も育てていく意味あいをはらんでおりました。
ところが、この十数年、
行政は従来の固い都市計画や公共事業を住民にやさしく、
やわらかく説明しようという思いのあまりか、
なんでもまちづくり、まちづくりと言いすぎるきらいがございます。
駅前再開発もまちづくり、区画整理もまちづくり、
鉄道高架事業すらもまちづくり。
このところ地域の人びとに、まちづくりってなんですかとたずねると、

あれは行政がやるものでしょう
という答えがさかんに返ってまいります。

言葉というものは、時代の流れ、状況のなかで
新しい表現を獲得していくものでございましょう。
私は、まちづくりという言葉がもともともっていた住民主体、
ソフトをだいじにしながらハードも育くむ、
人も育くまれ、まちも育くまれる、そういう思いをこめまして、
ここに「まち育て」という言葉を使わせていただいております。

今日まちづくりには、
目標にたいしてひたすらプログラムどおりに
ことを運ぶような意味あいがともないがちでございますが、
まち育てはまさにやわらかい人のかかわり、
関係をデザインするということが重要なのでございます。
対象としてのまちをデザインするのではなく、
そこに私たちが生きるものとしての関係をデザインする、
この切り口こそが、まち育ての重要な概念の、
まさに「基本のき」なのでございます。

さて、みなさま——。

ここにみなさまをお招きいたしますのは、
幻燈会のひとときでございます。

おいおい、幻燈とはえらい古いことを言うやつやな、
スライドとかパワーポイントとか、
もっとかっこいい言葉もあるやろう、と
お思いの向きもございましょう。
とはいえ「幻燈」という文字をばご覧ください。
ともし火の向こうにまぼろしを見る。
まさにまち育てを語るには、うってつけ。
まち育て物語の幻燈会をもちまして、
全国各地へうかがっておるのでございます。

本日読みたてまつりまする物語は、
　まずは私たちの自己紹介を兼ねまして、
名古屋なるＮＰＯ「まちの縁側 育くみ隊」、
これが生まれて三年、まだほとんど
なにもやっていないに等しいようなＮＰＯではございますが、
そのささやかなスタートぶりをご覧いただき、
あらゆる活動のはじまりにはいのちがある、
それをお感じとりいただければ、これにまさる喜びはございません。

つづいては、神戸は長田区、真野《まの》地区へ向かいましょう。
　日本列島、災害多発の時代でございますが、
私が長年かかわってきております真野地区の、
住民たちのまち育て活動、わけても阪神大震災後、
住民たちが公営住宅のコレクティブ・ハウジングに

住民参加をちょっぴり加えながらたち上げた
その姿をご覧いただければと存じます。

高度成長時代の集合住宅が、各地で建てかえ時期を迎えます。
建築主の一方的な意向でなく、住み手のがわも当事者として
ともに建てかえ案を作成し、コミュニティを再生させた姿、
武蔵野パークタウンはその金字塔として長く記憶に残るでしょう。

つぎに、京都で四十八世帯の市民がともにつくりました
コーポラティブ住宅「ユーコート」を訪ねましょう。
大都市のなかでコミュニティが育む子育て、自然の回復、再創造。
今日どこでも叫ばれているむずかしい課題を、
住民たちのやる気をエネルギーにしながら実践を重ねた、
その二十年の流れを追ってみたいと思います。

最後は、住民参加のまちづくり、その元気のいい姿を、
「冬の夏祭り」なるまち育てイベントに見るべく、
南国高知は赤岡町を訪ねましょう。

では、御用とお急ぎでないかたは、
しばしおつきあいを願っておきまして、
まち育て幻燈会、はじまりはじまり。

目次

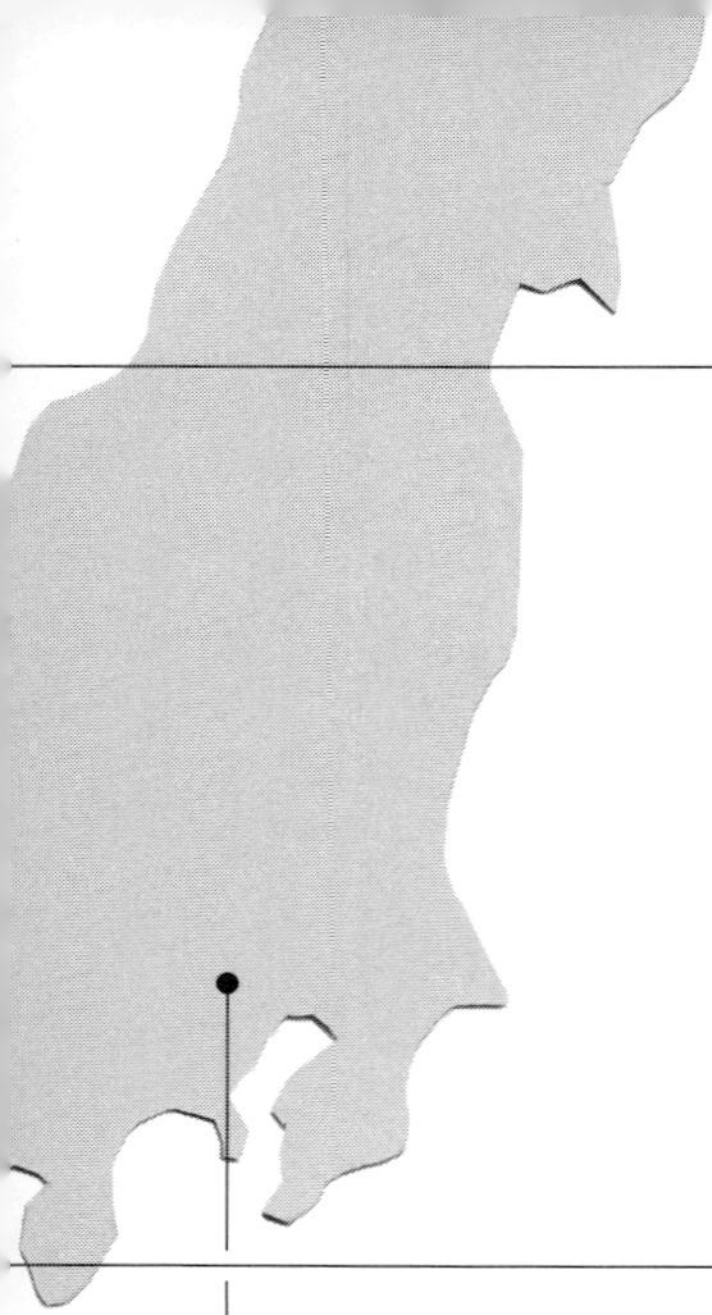

第１話

まちの縁側ＭＯＭＯは きょうも大賑わい

消火栓

MOMOは
みんなの表現の場

名古屋駅から地下鉄で十五分、とある幹線道路ぞい。

ここに五十年まえに建てられた古い歯医者さんがありました。

主《あるじ》なる歯医者さんはすでにこの世を去り、跡地は駐車場にされるべく、とり壊されるのを待つばかり。

そこにもちあがりましたのが、わがNPO「まちの縁側育くみ隊」でございます。もとの技工室と診療室とをお借りして、スペース「まちの縁側MOMO」が産声《うぶごえ》あげる。ときに二〇〇三年四月のことでございます。

まずは内部をご覧ください。長年の時の流れに、廃屋同然のありさま。黒くすすけた壁面を背に、かつての診療機械がうち捨てられているばかり。仲間はそれを片づけて、まずは壁をばペインティング。技工台の天板を丸く切りとり陶器の流しを嵌《は》めこめば、切りとられた木切れはMOMOの看板へと生ま

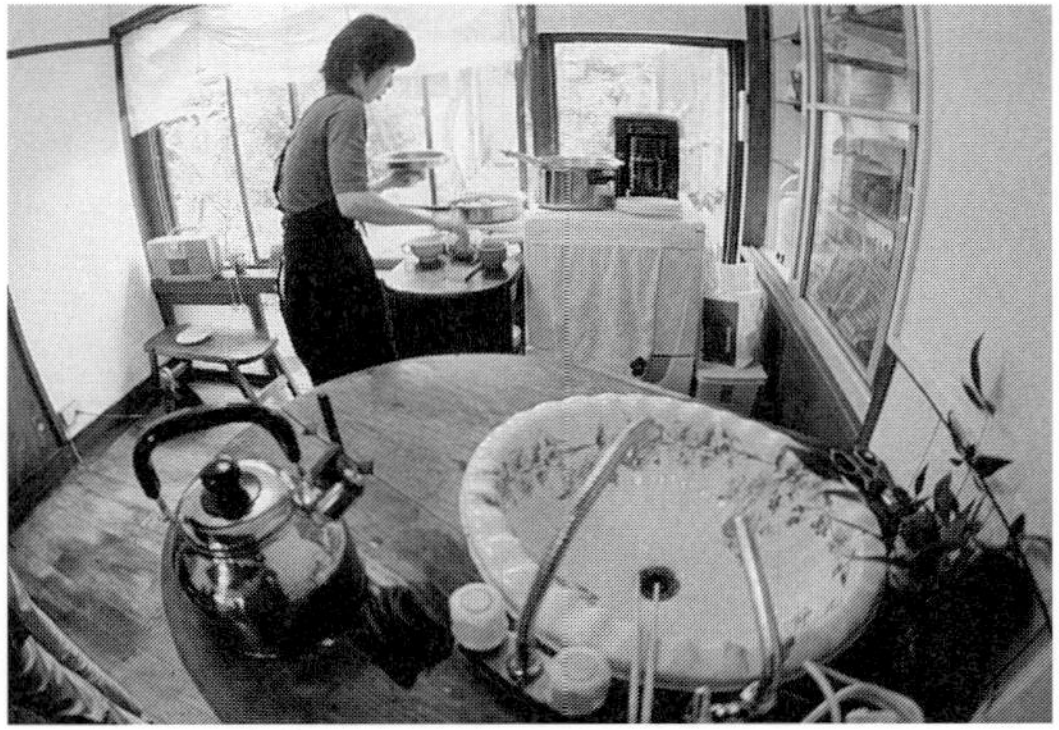

れ変わる。ちなみにMOMOとは、かのミヒャエル・エンデの「モモ」にちなむ命名にて、気持ちのいい人と人との出会いの場をデザインしようと、その文字はまるで猫が縁側に寝そべるかのよう。

　子育て真っ最中の石川さん。子どもの世話の手が空けば、炊き出し、差し入れ、三面六《さんめんろっ》臂《ぴ》。仲間たちが夜、くたくたになっ

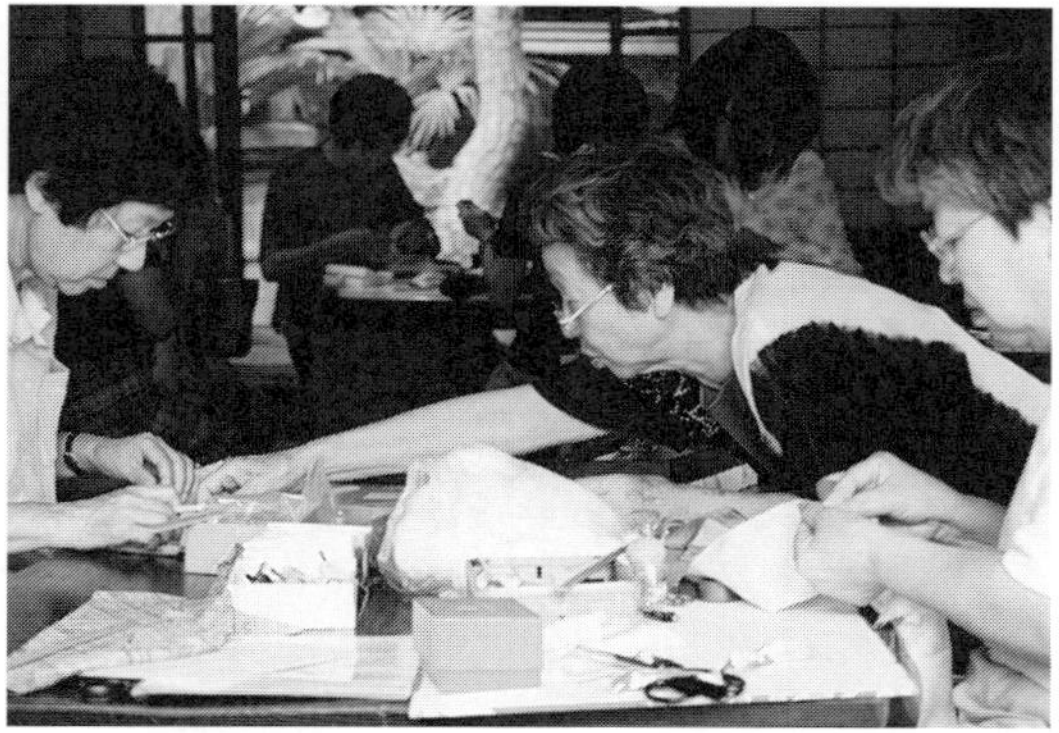

て会合に駆けつければ、石川さんのご飯が待っている。しかもメニューが毎回変わる。あんまりおいしいのでメンバーは「キッチン石川」の名を贈る。お腹が満ちれば話もはずむ、NPO理事会の始まりでございます。

このMOMOは車通りはげしき幹線道路沿いにありながら、裏にまわれば小さな中庭、ホッとできる空間が広がります。母屋と挟みあうこのお庭も拝借し、月に二回、縁側サミットなる催しが開かれる。お年寄りが集まって、わが亡きあとには捨てられる帯地や服地を持ち寄って、ミニ着物を作って楽しみます。

ご覧ください。ある日の縁側サミットで、はじめて出会ったお年寄りどうし、たがいに教えあいっこをしております。いきいきとしたコミュニケーションを見ておりますと、バーチャル・リアリティばやりの昨今に、「バアちゃんリアリティ」こそどれほどホンマもんやないかと思わせられる。新しい命を吹き

こまれた着物たちが展示され、MOMOはひとときギャラリーへ。外国人も訪れて、日本の生活文化の豊かさに触れ、草の根国際交流が花開く。
　メンバーのひとり、ナバちゃんの、「うちのお父ちゃん、雑木林でとってきた小枝で細工物をするよ」のひと言で、今度は小枝細工の展覧会も開かれます。
　この婦人（左端）は、母屋に住まうこの家のあるじ可知《かち》さんでありますが、愛犬ココとともにこのしつらえをニコニコと眺めております。ココは好奇心旺盛な犬で、じいっとなかをのぞき込む。小枝あり、葉っぱあり、年寄りもおり、若者もおり、犬もいる。思いがけない偶然の出会いと交流の機会が、このささやかな空間いっぱいにあふれているのでございます。
　MOMOを訪なうのは大人ばかりではございません。きょう

は子どもが集まって押し花づくり。こちらは自転車五分でやってくるすみれちゃん。笑いころげているのは本屋のおばちゃん。世代を超えたはじけた雰囲気があふれます。チェルノブイリの子どもたちの作品展が開かれれば、高校生の女の子たちが現地へ送るクリスマスカードづくりに訪れる。

着物に押し花、カードづくり。さまざまなものづくりをとおして、気持ちの通う場が生まれます。

人あり、犬あり、未来もあり？

さて、「まちの縁側育くみ隊」の事務局スタッフは、青年あり、お母さんあり、四十代あり五十代あり、重度の身体障がいをもつ人あり、多様な人びとがまざりあい、まるであったかい「おでん」のよう。「こんな狭いところでNPO活動できるのかしら？」。いぶかりの向きもございましょう。大工の柘植《つげ》さんに

頼んで窓枠をはずして縁側をつくり、中庭の向こうなる奥の物置をオフィスへ改造してしのぐというしだい。

大手電機メーカーにつとめる中島さんは理事の一員。夜勤のときは、昼やってきてペンキ塗り。いつ寝てるんやの大活躍。壁が終われば、おつぎは庭のテーブルの塗りかえ。じつはこれ、捨てられていたちゃぶ台でございます。既成品万能の工業社会に、手作り感覚がよみがえる。

さて、せまいオフィスではありますが、若者たちはそれぞれの夢を追う。大学出たての古池《こいけ》ちゃんは、ウィークデーは設計事務所でバイトをし、あとの二日はMOMO暮らし。滋賀の立命館大学から通うみほちゃんは、私たちがコーディネイトする設計ワークショップ「みよし・まち育て塾」のプロセスを、大学の卒業論文にまとめ中。タケちゃんは若干二十五歳で、このNPOの事務局長。古池ちゃんもタケちゃんも、NPOで飯を食

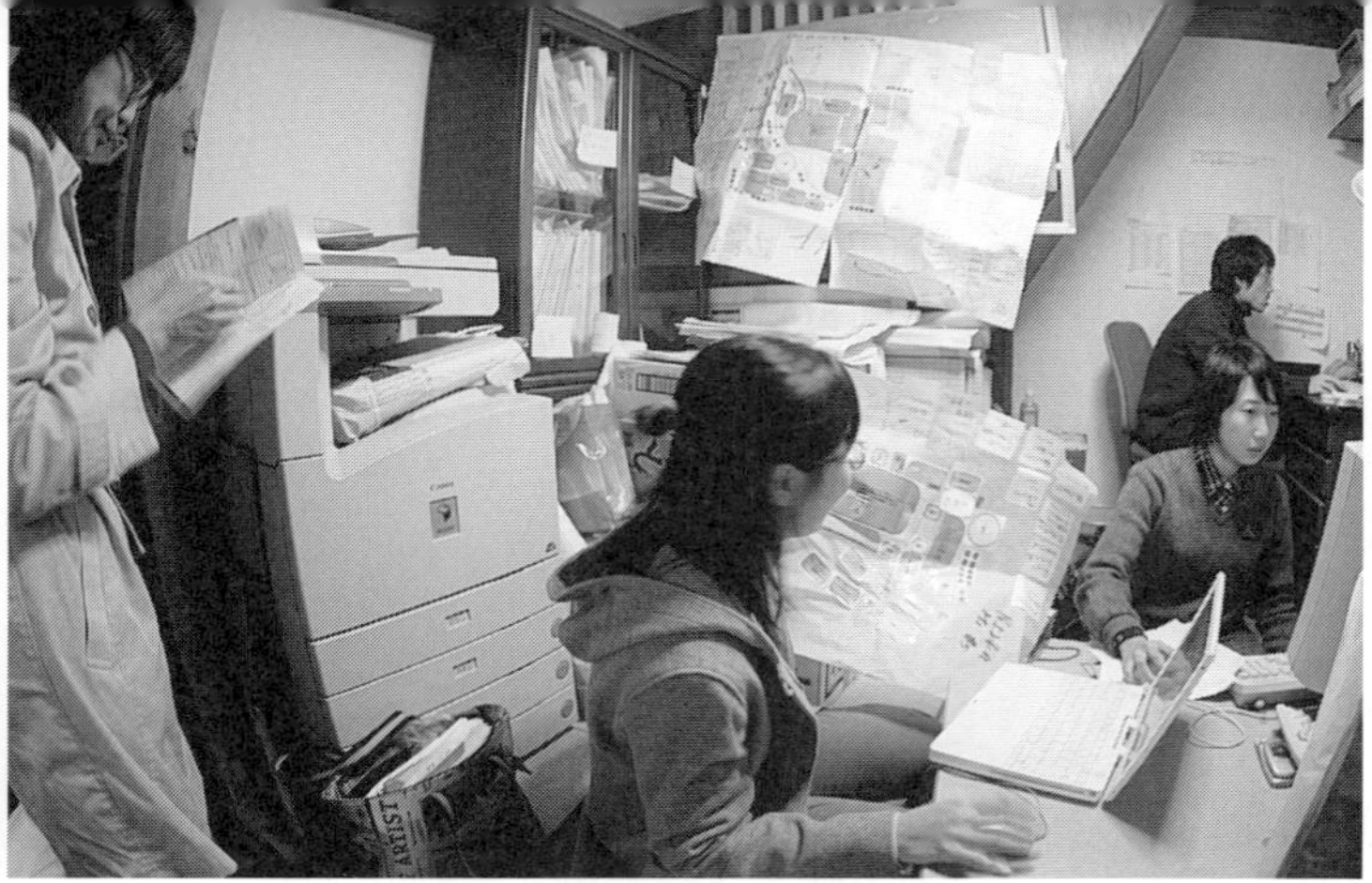

いたいという、新しい時代の願いをもつ青年たちでございます。

とはいえ、まだ始まったばかりのNPOに、そこまでの力がないのはきわめて残念。タケちゃんはきょうも栄養ドリンク「エスカップ」を飲みながら、必死のパソコン打ち。ときには、五十時間労働を強いられる。私たちはなんとひどいNPOをやっているのでしょう、すっかりタケちゃんの頬がこけはじめているのが気がかりでございます。

それでもこんな空間に、ココは毎日やってきて、出来事をじっと見守る、見守り犬でございます。そこへ突然、美しき若き女性が現れる。ご覧ください。この構図には、若きタケちゃんにもなにか「未来」が開かれてくるような予感が漂っております。

――まちの縁側育くみ隊は、いまこそツライかもしれないが、そのうちかならず未来が開かれる。必然的プログラムだけがすべてやない、偶然の出会い、偶

まちの縁側ＭＯＭＯは
きょうも大賑わい

発的な恵みを味方にする、そんな視点がだいじなんや。

だまって二人を見つめるココは、そうつぶやくかのよう。気づいてみれば、ココのおなかにハートマーク！　そう、ココは市民活動にしあわせを呼ぶしあわせ犬でもあったのです。

貧乏過酷な状況を、なんとか未来へ切り開こうという希望のもと、日々を営む私たちでございます。

紙芝居に
大ハッスルの中学生

近郊のまち・半田から一時間半かけて電車を乗り継ぎ、電動車椅子でやってくる大久保さん。この手すりも、彼のためにつけたものではありますが、ありきたりのバーではございません。捨てられた庭木を活用すれば、ものにふたたび命が宿り、その場がいきいきよみがえる。

身体的・言語的自由こそ奪われている大久保さんではありますが、精神の自由さにはじつに卓抜なるものがございます。彼は紙芝居「風穴一座」の座長

まちの縁側MOMOは
きょうも大賑わい

にして、彼がシナリオを書き、仲間たちが絵を描き、まちかどで障がい者と健常者がともに生きるという物語を演じる紙芝居活動もやっております。

ときにまわりの中学から、総合学習・まちづくり学習のお手伝いを頼まれれば、たんなる模擬公園づくりなどではつまらない。大久保さんが紙芝居を演じると、中学生も夢中になる。「ボクもそれ、つくる！」。感動は瞬時に逃げていくものなれど、表現に定着されれば、永遠の生命を得る。中学生たちは、物語性とビジュアル性をかね備えた日本の伝統的な表現文化――紙芝居のなかに、夢と感動を託していったのでございます。

彼ら・彼女らは、いろいろおもしろいテーマと物語を展開してくれました。「歌って踊って

ポップコーン」「江戸からやってきた武蔵」「てやんでえ」。

ふだんはやんちゃ坊主で、みんなからつまはじきにされている子が、みんながあまりにつまらないタイトルを言うものだから、ぼそっと「猫が君を呼んでいる」とつぶやいた。とたんに先生、「それや、それでいけ」。このやんちゃ坊主君、地域でのトラブルをのりこえ対立をエネルギーに変えていく人と人との物語を、みごとに描いていったのでございます。

コミュニティセンターで紙芝

居の発表会を行なえば、このおばちゃん、「いままで中学の生徒を見れば、ワルガキ坊主と叱っていたが、こんなおもしろいお話をしてくれるとは見直した。この子らは仲間や、同志や」と、笑みをこぼしております。

各地に広がる MOMOのネットワーク

私たち「まちの縁側育み隊」には、ときに地方からお呼びがかかることがございます。「うちのまちでも、まちの縁側つくりたい」。そんな呼び声にいざなわれ、島根県は浜田市へと赴く機会がございました。

しかし、ホスト役の栗《くる》栖《す》さんちの縁側に、まちの縁側をつくるという、たんなる設計ごとで終わらせず、住民・子どもがいっしょになって、浜田のまちの縁側ってなんやねんと、「探検、発見、ほっとけん」のワークショップが始まります。

まちの縁側MOMOは
きょうも大賑わい

栗栖さんのご両親の家のうらは、海の幸豊かな日本海。翌朝、お父さんに船を出してもらった私たち。ふと見ると、古池ちゃんはいとも暗い表情をしています。この表情は現実のNPO活動の「いま」を表現しているのでございましょうか。この青年の苦みばしった渋い表情が、はたして笑顔に変わる日は来るのでしょうか。

一方、名古屋では、事務局長のタケちゃんが市民ワークショップをもとに広場の設計をいたします。しかし、広場ができてよかったね、で終わったわけではありません。年末には掃除ワークショップも行ないました。やってきたおっちゃんはタケちゃんに掃除の仕方を教えてくれます。身をのり出して掃除するタケちゃんの姿、それは市民、行政、NPO、この三位一体の関係づくりと、大学も行政も、状況のなかに身をのり出すことこそがだいじなのだと、教えてくれているようでございます。

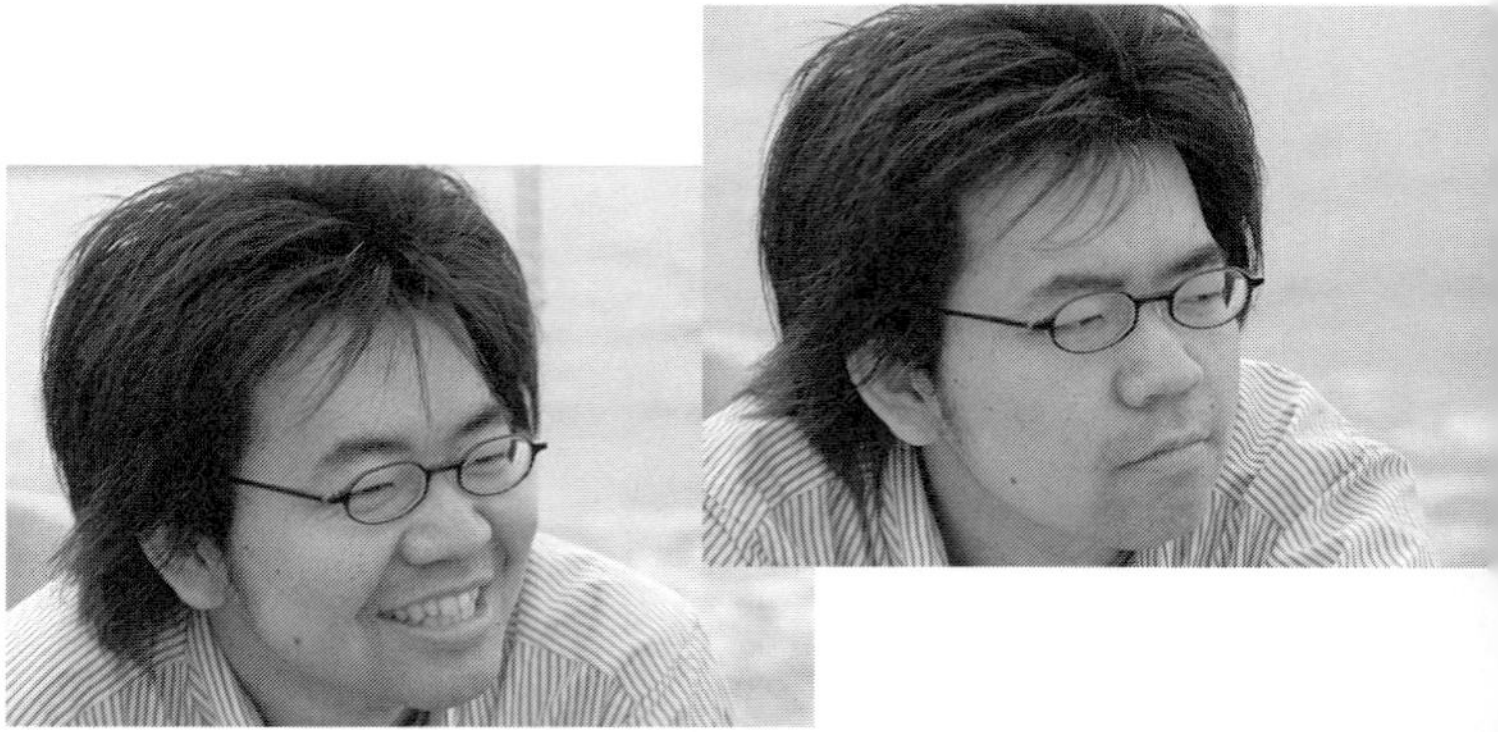

NPO「まちの縁側育くみ隊」のプロフィール、これにて一巻の読み切りでございます。

おしまい

まちの縁側MOMOは
きょうも大賑わい

第2話

住民参加まちづくりの草分け 神戸・真野のチャレンジ

まち育てこそ
みんなの生きがい

神戸の都心・三宮《さんのみや》から西へ五キロ、かの阪神淡路大震災で大きな被害を受けた長田区のいちばん東、そこに「真野《まの》地区」はございます。

戦前からの長屋が密集し、大小の工場がひしめく真野。

昭和四十年代には、公害のために住民の三分の一が寝込んでしまい、喘息《ぜんそく》のまちとうたわれた真野。

そんなまちではございますが、長屋の路地奥にお住まいの、寺尾のおばちゃんこう言うた。

「道は狭い、家は古い、たてこんでいる、たしかに行政の人は、このさい一網打尽《いちもうだじん》に再開発しようと言いはるが、私はそれには反対や。ご覧、軒先園芸がりっぱやろ、みそやしょうゆの貸し借りもできるやろ、向かいの子どもが帰ってきても、お父ちゃん・お母ちゃん帰ってきてへんときは、うちでご飯を食べていきって言えるやろ。家は狭いが心は広いんや」

家は狭いが心は広い住まい方、これこそがこれからのコミュニティづくりにだいじなことでありましょう。

この路地奥には、かつてこのように、遺影という、ご先祖さまの写真や絵画が展示された路地裏ギャラリーがございました。亡き人もともに住みあうコミュニティ。お気づきのように、これは九〇年の写真。のちの九五年の大震災で、これらがなくなってしまったのは、たいへん残念でございます。

しかし、昭和五十年代初頭にして、すでに六十五歳以上人口が十五、六パーセントという高齢社会・真野地区では、いちはやくひとり暮らし老人の昼食会が行なわれ、カラオケ大会

が開かれておりました。寝たきり老人には地域の住民がボランティアで入浴サービスを行なった。のちに神戸市全体の地域福祉制度にもつながっていったわけでございます。

このお年寄りたちはまちづくりの先頭に立ち、工場を移転させたあとに公園をいくつもつくっていきました。じゃぶじゃぶ公園、落書き公園、ここはホタル公園でございます。

しかし、通り・公園うち眺め、

ふと気づいたはつぎのこと――「子どもがほとんどおらへんや!?」。

なんでこの地域には子どもがおらんのやろう。若者が結婚しても住む家がないから郊外に出ていきよるんや。若者が住みつづけられるような家づくりをするために、まちの将来像をみんなで考えよう――。

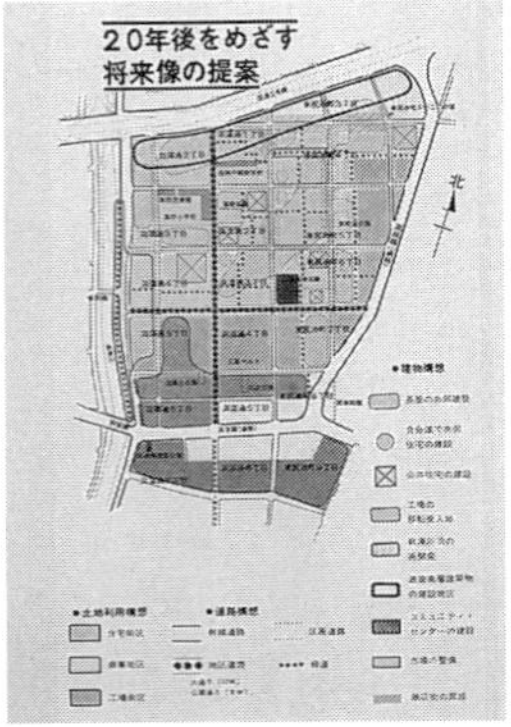

ときに昭和五十三年、真野小学校開放教室での出来事でございました。

こうしていろんな人びとが、一年半のあいだにたくさんの会合を重ねていきました。町内会、青年会、婦人会、中小企業の会……、大小の会合を重ねていったわけでございます。ときには講堂に集まって、工場の煙もくもくが地域発展のしるしという住民と、人の健康がいちばんだいじやという住民が、ケンカまがいの論争もくり広げます。

しかし、対立を対話にかえ、トラブルをエネルギーにかえて、とうとう四十ヘクタールの真野小学校区に、二十年後をめざす将来像の提案がなされます。

幹線道路は住居の建てかえにあわせて後退させる。長屋は公営住宅に建てかえる。さまざまなまちづくりの将来像を描いていったわけでございます。

昭和五十四年にこれができあがり、昭和五十五年には建築基準法と都市計画法にまたがって地区計画制度が生まれ、地区レベルで住民参加の都市計画がつくられる法律的前提が与えられたのは、たんなる外国制度のものまねではなく、こうした住民参加のまちづくり実績が背後にあったからでございましょう。

会合のあった晩、毛利さんはたずねてきて、友だちの老人に向かって「この絵はいつできると思う」。毛利さん、「せやなあ、わしの目の黒いうちは無理やけど、孫の世代にこれができると思うと、まちづくりって楽しいもんや」。この地域の高齢者は孫の世代、来世に向かってまちの未来像を考え、実践することに生きがいを見出している。これこそ最高の高齢者福祉、生きがいづくりではありますまいか。

毛利さん

復興まちづくりで、全国のモデルに！

日本最初の住民参加によるまちづくり、そのメッカといわれた真野地区に、成果がだんだん積みあげられていったある日のこと、人間の予想を上回る壮絶なる出来事が襲いかかってきたのでございます。

ときに一九九五年一月十七日未明。かの阪神淡路大震災が、市街地を切り裂き、たちまち六千人余の人命を奪い、六千五百ヘクタールを破壊しつくす。

されども真野地区は、木造家屋こそ倒壊せるも、共同建てかえの結果、すっくと立ち上がった公営住宅はびくともしない（写真中）。焼失はげしき長田区にあって真野は被害がいささか少ないは、この建てかえの成果でございました。

さて、震災直後、真野へと急ぎ赴けば、四十三戸が全焼したるそのなかに、なぜか焼け残った木賃アパート。消防団員・

田中のかっちゃんにたずねれば、かっちゃん語る苦心談。

「そうや、朝の六時まえに火が出よった。みんなに火事やと言うて、まわりの水をもってきたけど、すぐに水がなくなった。三星ベルト（工場名）に行ってこい、あそこの地下には水がある。しかしホースが届かへん。道行く人もまきこんで、必死のバケツリレーを六時間。腕はぱんぱん、指はちぎれんばかり、もうあかんと思うた十二時まえに消防自動車が来よったんや」

文字どおり火急のときに、住民の力が結集したわけでございます。

家をなくした人びとは、公園のテント村に仮住まい。テントのひとつにおじゃまして、「おばちゃん、住み心地どうですか」。たずねてみれば、「ようおまっせ、いままでお茶会してましてん。あんたもいっしょにどうですか」と、楽しそうな返事が返ってくる。となりを見れば男性のかげ。「こんなに長いこと、夫婦顔をあわせていることもないでしょう」と冷やかせば、「この人、となりのおっちゃん

ですねん」。まさにしんどいときこそみんなで楽しくことを運ぶがだいじ。

さて、公園では、かっちゃん(左)と山花さんが話しています。山花さんは自分の家が倒壊し、一日埋もれていましたが、道行く人に助けられ、出てきたら対策本部の事務局長となって大活躍。山花さんと勝っちゃんは、お日様さんと浴びながら、公園のかたすみでこう語る。

「今度はひどい目におうた。地獄の坂に追いやられたと思うた

わ、まだ地獄に行ったことないけど。でも、なんとかのりこえられたのも、日ごろから住民参加のまちづくりをやってるからや。口の悪いやつは、住民参加のまちづくりとは暇なやつがやるもんやと言うけども、そんなことないで。ふだんからやってたさかいに、すぐさま立ちあがって安心安全な居場所をみんなに確保することができたんや」

当時、非常時の危機管理をジ

ャーナリズムはさかんに論じておりましたが、真野の姿が示すがごとく、日ごろの住民参加のまちづくりが非常時に大きな力を発揮すると語る二人でございます。

それにもまして、主をなくし、家をなくした犬は、なんとミゼラブルな顔をしていることでございましょう。しかし、十日後ふたたび行きますと、おいおいおまえはおなじ犬かいなと思えるほど表情は変わり、つやが変わっていたのでございます。

敏感な犬よりも、敏感な猫のなかには、地震の三日まえに家出をしたやつがおるそうでございます。生き物には、不思議な予知能力がございます。お日さまを受けながらボンネットのうえに座っていた猫が、「いまはたいへん混乱しているけれど、かならずみんなに安心の場所が訪れるよ」と、哲学的な表情をもってまわりの人びとに語っていたのでございます。

まっちゃんは、日ごろから子どものお世話、とくに毎年、地蔵盆のお世話をしている男性です。毎年楽しくやってるけども、こんなにしんどいときには、楽しいことをみんなで分かちあうことがだいじやと、三十か所のお地蔵さんをめぐり歩いてお菓子をもらう子どもたちのために汗を流す。

まっちゃんが子どもに教えます。

「もう一回、安心できるまちがもどってくるようにお祈りしいや。お祈りするときは、ちゃんと手ぇをあわすもんやで」

地域の子どもたちをきちんとしつけ、世代間に文化伝承が行なわれている姿でございます。

さて、こちらは道ばたで出会いました山花さん（右）と宮西さん。宮西さんは三十年近く、真野のまちづくりにかかわる民間プランナーでございます。

山花さんが言いますには、「震災前はまちづくりや共同建てかえと言うてもみんな信じへんかったけど、いまはみんなでまちづくり、共同建てかえをやらんといかんと言うてます」。それを聞いた宮西さん、「そうや、真野は復興まちづくりでいいかげんなことをしたら恥ずかしい。全国からまちづくりの専門家を呼んできて、街区詳細計画をつくろう、コレクティブ・ハウジングづくりをやろう」。

その瞬間、宮西さんのオツムには後光がさす。住民参加のまち育てに専心する存在に光あれ！

復興住宅は「ふれあい住宅」や！

みなさま報道でご存知のとおり、仮設住宅で突然、それまでの人間関係を断たれてしまった高齢者は、孤独死という悲しい事態に追いこまれておりました。

真野およびいくつかの地区では、「地域型仮設住宅」と称して、部屋をあてがうだけではなく、ときにはみんなでご飯を食べましょうと、地域の住民たちがともに楽しい居場所をつくっていったのでございます。くたくたになっているお年寄りが、温かい豚汁をすすり、みんなで歌うことをとおして、心身とも

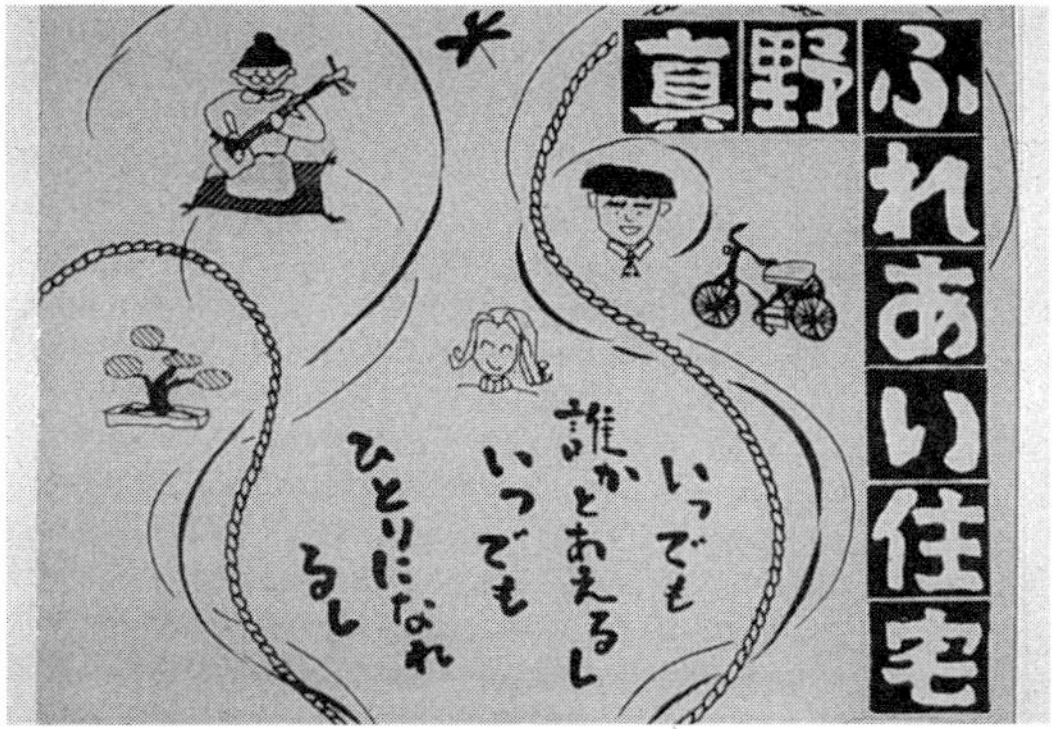

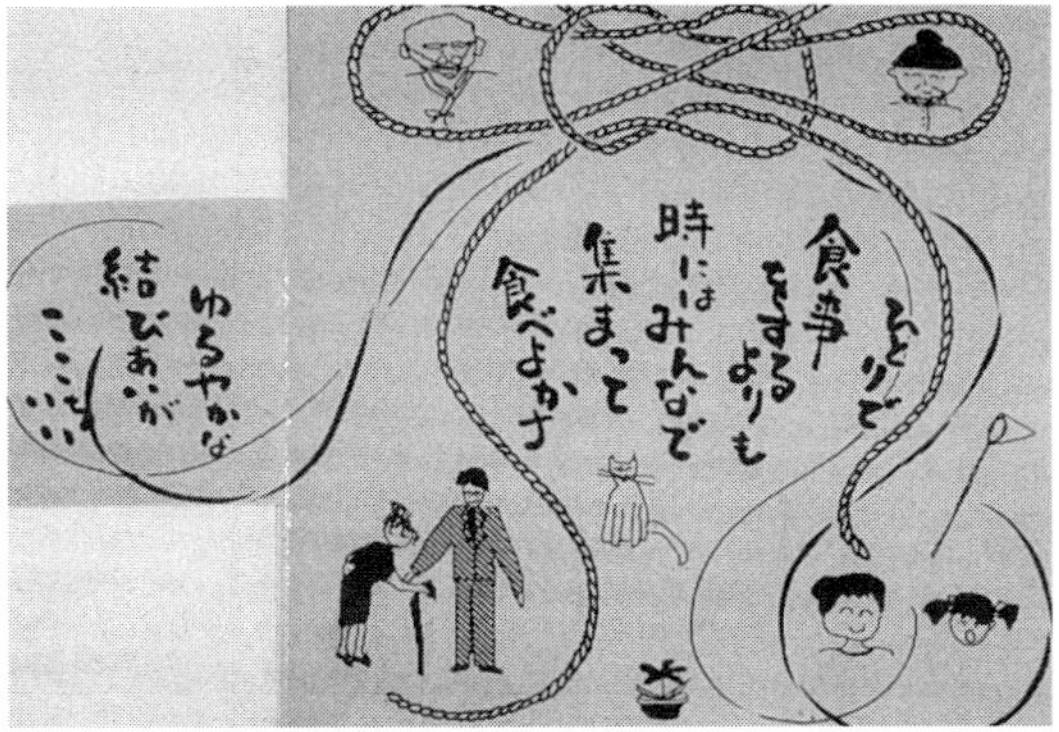

に癒されました。こうした経験が降り積むにつれ、これからの高齢者の安心場所はコレクティブ・ハウジングではなかろうかと、公営住宅に日本ではじめて住民参加の家づくりが提案されたのでございます。

——コレクティブなどというよそゆきの言葉はやめとこな、「ふれあい住宅」と言うてみよう。いつでもだれかと会えるんや、あの人とご飯が食べたいときには、いつでもいっしょに食べられる。

スマートな個人主義と豊かな

共同性が精妙に結びつく、新しい時代の高齢者の安心場所づくりが目指されたのでございます。

さりながら公営住宅というものは、箱物《はこもの》つくって、がらがらポンの抽選で入居者を決める制度でございます。入れものつくって、さあ、きょうからいっしょにご飯をつくれと言われても、できるわけがございません。そこで真野の仮設住宅のみなさんにご参加願い、設計ワークショップが開かれます。

日高さんも、さやたけさんも、文句たらたら、「私ら忙しいんよ、コレクティブっちゅうわけわからんこと、なんでやるねん」。となりで林さんがなだめます。「ひょっとするとおまえ当たるかもしれへんぞ、当たると思うたら、ちっとでもましなもんつくったらどうや」。この発言を

受けたとたん、議論の輪ができていく。後日、さいわいにも高倍率をくぐってこのお二人は入居できたのでございます。

　九十歳を超える平田トメさんもこう言います。「コレクティブっちゅうのは私のためやないか。九十すぎたら、ガスに火をつけてもいつ消したかわからんときもある」。

　後ろでメモをとるのは、近くの共同病院の上田院長。

　やがて竣工半年まえには、がらがらポンの抽選で二十九世帯が選ばれ、月一回、懇談会と称してふれあい学習会をいたします。しかし、七十五歳以上の後期高齢者が過半数、自力で歩けない人も多い現実を目の当たりに、ほんまにコレクティブ住宅の運営ができるんかしら。ちらりと不安もよぎります。

できあがりましたるふれあい住宅、その眼目は協同食堂。ここで夏休みの十日間、地域住民と学生たちがモーニングサービスを行なって、その後の盛んな利用へとつながります。ともにご飯を食べる楽しさが降り積もるにつれ、やがて住民みずから切り盛りし、ときには友だち連れてきて、沖縄の踊りを楽しみあう。路上へ踊りがあふれてゆく。

食事ばかりではございません。毎月一回、さきほどの上田先生が訪れて映画会、そのあと健康

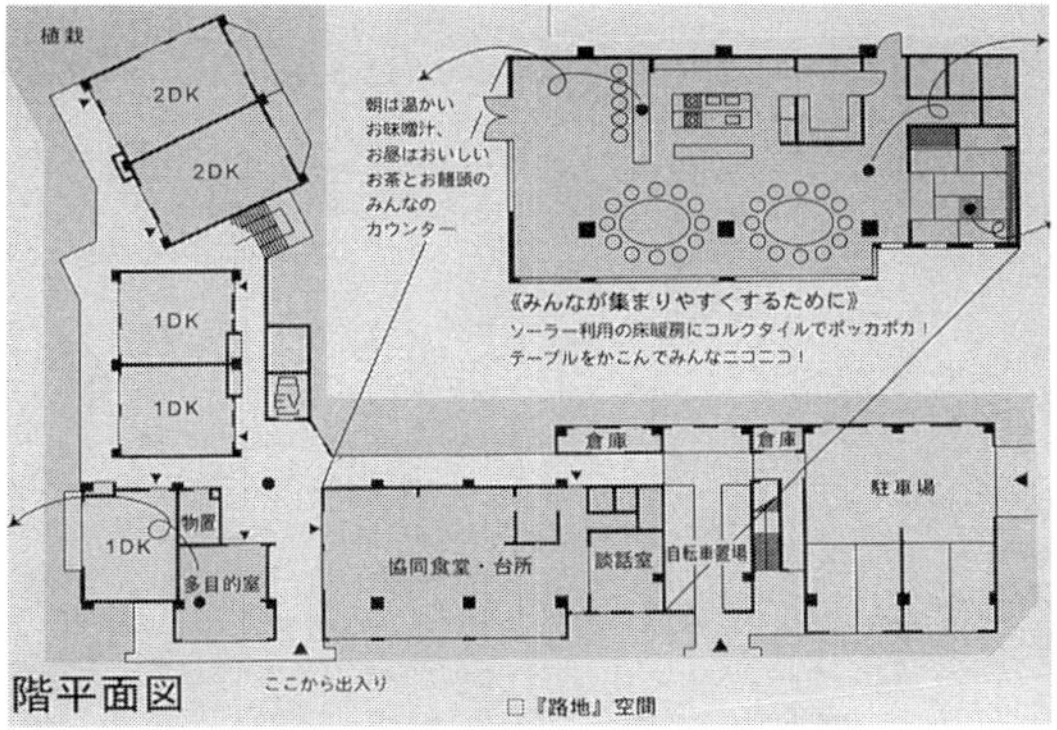

階平面図

診断もございます。

さて、居住階に着眼すれば、バルコニーに仕切りのないのに気がつきます。ふつうの集合住宅では隔て板があるけれど、真野の路地の文化を生かそうと、続きバルコニーをこしらえました。九十歳のご夫婦も、「これからデイサービスに行ってきますさかい、留守しますよ」と声をかける。おたがい気配を感じあう縁側、路地のような生活文化の豊かさが、続きバルコニーに継承されていったのでございます。

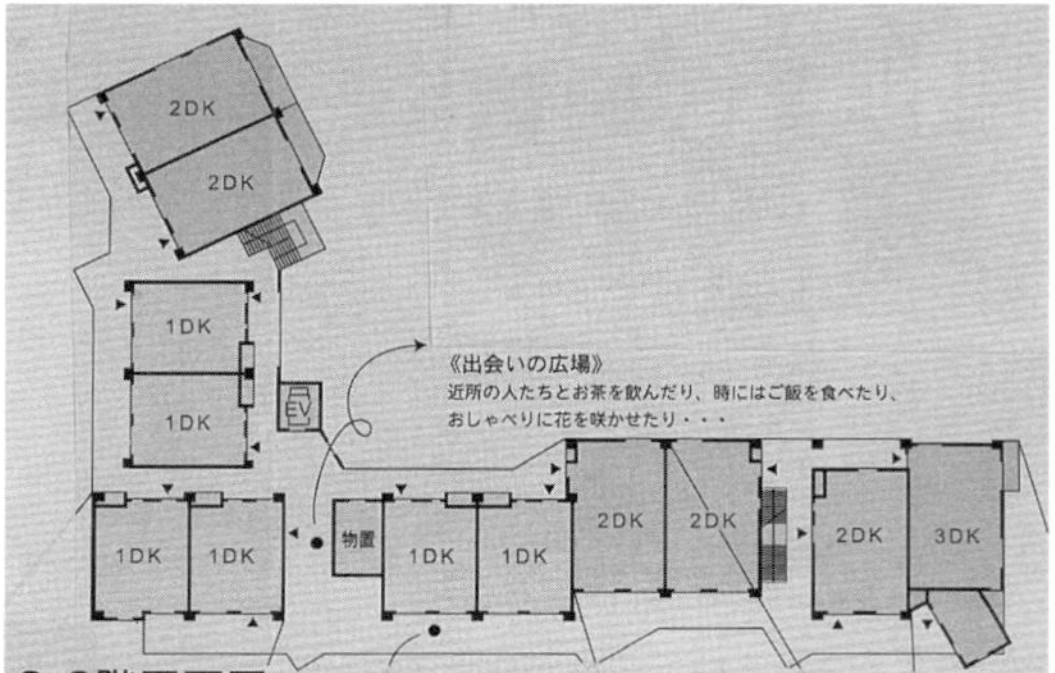

2・3階平面図

このアイデアは、ふれあい住宅だけではございません。長屋の共同建てかえプロジェクトにも受けつがれ、階段室や廊下には路地のような空間をはりめぐらせ、それぞれの家は自由設計のコーポラティブ方式で、共同建てかえがなされていったのでございます。

ハウスからタウンへ

広がる人の輪

震災一周年目の冬、「真野同志会」のお父さんたちが子どもらとともに、朝五時半に起きだし、百三十キロのもち米をつきあげて、真野地区のお年寄

りに配ります。年寄りが安心して住みつづけられることこそ、まち育ての決め手。コレクティブ・ハウジングは二十九世帯にとどまるとはいえ、まち全体が支えあい、ハウスを超えてコレクティブ「タウン」の発想が広がりはじめておりました。

まちづくり推進会議の女性会長をつとめる田中さんは言う。

「真野に生まれる子どもは、お母さんのおなかにいるときから、人間は人と人とのあいだで呼吸し、人と人とのあいだで育まれていくことを知っている。人はまわりの人との関係のなかで豊かになるんやで」

コレクティブな暮らし方、これこそ超高齢社会あるいは少子社会における人の住まい方・まちの育み方の基本ではなかろうか、そうかみしめるのでございます。

大震災をのりこえる真野のまち育て。これにて一巻の読み切りでございます。

おしまい

第3話

公団を動かした住民パワー
武蔵野緑町タウン建てかえの12年

築30年の団地に

建てかえ計画

中央線三鷹駅からバスで十分、夏は東京の軽井沢ともうたわれる——かどうかわかりませんが、涼しい緑に囲まれた地に、およそ千戸よりなる公団・武蔵野緑町《みどりちょう》住宅がございます。

桜並木のうっそうとおい茂るこの土地は、昭和三十年ごろには国鉄スワローズのホーム球場のあったところ。すりばち状の土地が公団団地に生まれかわりました。植えられた桜並木、そのかげには実のなる樹木も植えられ、時の流れとともに「食べられる風景」が生まれてきました。

号棟と号棟はたがいに出入り口が向きあって、江戸の長屋の路地にならったレイアウト。建物を出てきたものどうしが中庭で落ち葉焚きとは、ほほえましい団地暮らしの一こまでございます。

ところが、そこに突然、団地建てかえ計画が、大家なる公団から示される。千戸の団地を建てかえて、摩天楼住宅に駐車場。

いままでは「窓を開ければ緑が見える」、これからは「窓を開ければ車が見える」。ときに一九九一年、バブル絶頂期のことでございます

もちろん住民は大反対。自治会がアンケートを取りますれば、新家賃が高すぎる、間取りがうなぎの寝床である、緑が破壊される、駐車場が多すぎる、と、その九割が不満を訴える。とは

いえ八割の人びとが、これからもこの地に住みつづけたいという気持ちをもっているのでございます。

「泣く子と大家には勝てぬ」とやら、このまま建てかえられてしまうのかと思いはじめた住民のなかから、演劇によって団地の未来を考えようというお母さんたちが立ちあがる。童話作家・松谷みよ子さんの「ちいさいモモちゃん」シリーズから「おばけちゃん」をば主人公に、脚本・演出・配役をぜんぶ住民がになって、団地建てかえ物語を上演したのでございます。これが絶大なる反響を巻き起こす。

森の開発をたくらむ悪役不動産屋を演じたのは、じつは建てかえ対策委員長。翌日団地を歩けば、子どもたちが「悪いやつめ」と罵声を浴びせ、おばけちゃんを救う女神さまを演じたお母さんは、「なんでうちの団地に女神さまがいるんやろう」と子どもたちの歓迎を受けるありさま。こうして子どもからお年寄りまで、劇をとおして建てかえ問題への気づきをうながしたのでございます。

やがて三十二もある号棟ごとに、住民集会が開かれる。おしゃれマンションへ建てかえを望む若い人もあれば、住宅難のなか高倍率をくぐって夢と希望を胸に入居して、戦後とともに歩んだ高齢者もあり。建設から三十数年、喜びも悲しみも、さまざまな記憶の降り積もる団地への思いを、百八十名もの住民が文章につづって寄せました。

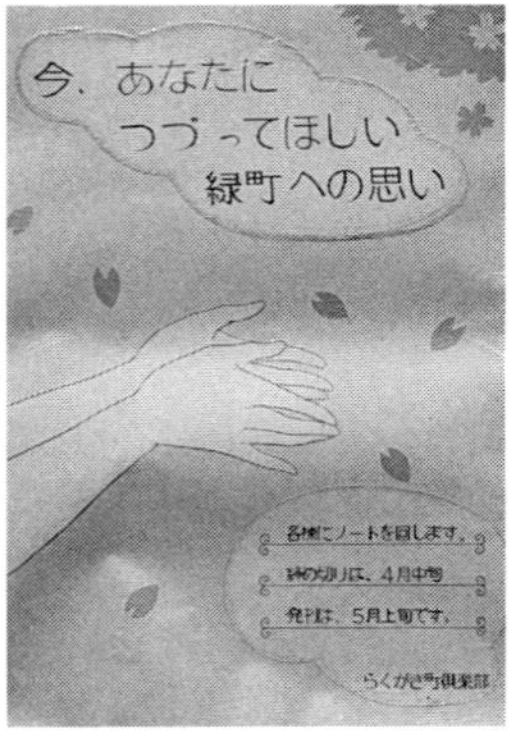

ある老婦人の詠める歌――。

四人《よたり》の子巣立ちて夫《つま》も空行きぬ
一人のこりてくらす此の家

人何千　小鳥何百　住む団地
こわされ行くか木々のみどりも

住民パワーに
公団の歴史的発言

賃貸住宅とはいえ、千戸のコミュニティの人びとが、この町をどうたいせつに思って暮らしてきたのか。足元にさまざまな宝が詰まっていることを、住民はみずから発見していきます。

近くの神代《じんだい》植物公園から指導員をお招きし、環境ウォッチングをしてみれば、緑あふれる

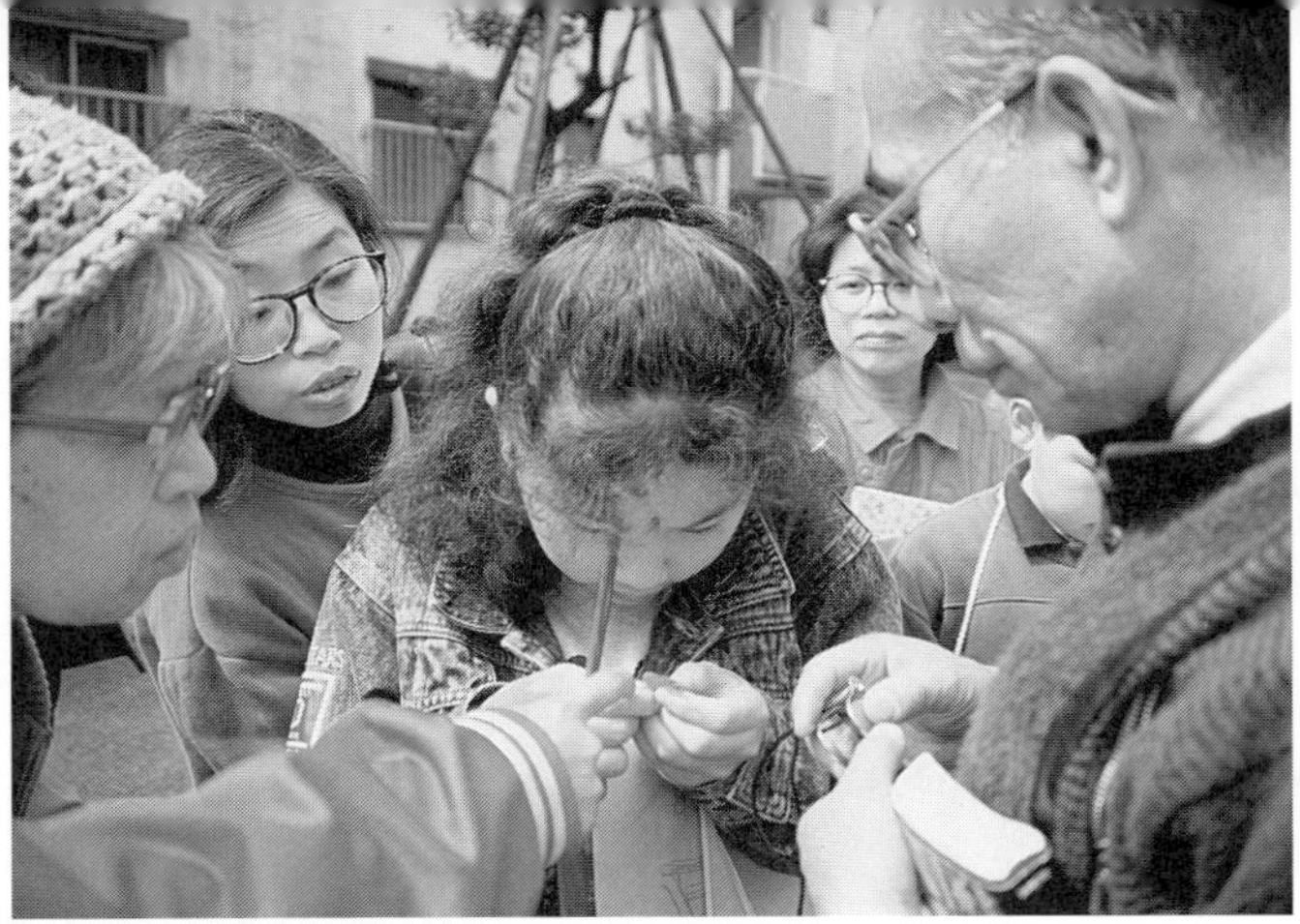

庭の草木に不思議がいっぱい詰まっている。子どもたちは自然や命にたいする不思議の心をかきたてられます。大人たちも樹木ウォッチングに参加して、発見を絵図に仕上げてまいります。

バードウォッチングにおもむけば、団地にこんなに鳥がいる。作った鳥マップはゆうにそこらの理科図鑑を超え、換気口に巣をいとなむツバメもしっかり描きとめられます。

団地という人工空間に、多様な生命の連鎖が生息していることを生きいきと描きつつ、「ヒトはもちろんのこと、トカゲやミミズも安心して引っ越しできる団地建てかえ計画を目指そう」の志はふくらんでいきます。

あるときは敷地にはえる野草を天ぷらにして食べる会が開かれ、市長さんも招かれる。産地直送ならぬ団地直送の野草に目を丸くする市長さんに、「この自然を壊さない建てかえに協力してください。私たちの仲間になってください」。かくして力強い味方を得た住民でした。

住民主体の建てかえを実現するべく、外からやってきた建築やまちづくりの専門家たちも助太刀します。アドボケイティブ・プランナー、すなわち「お助け専門家」として、私・延藤と新建築家技術者集団の仲間たちがくわわって、住民の願いを

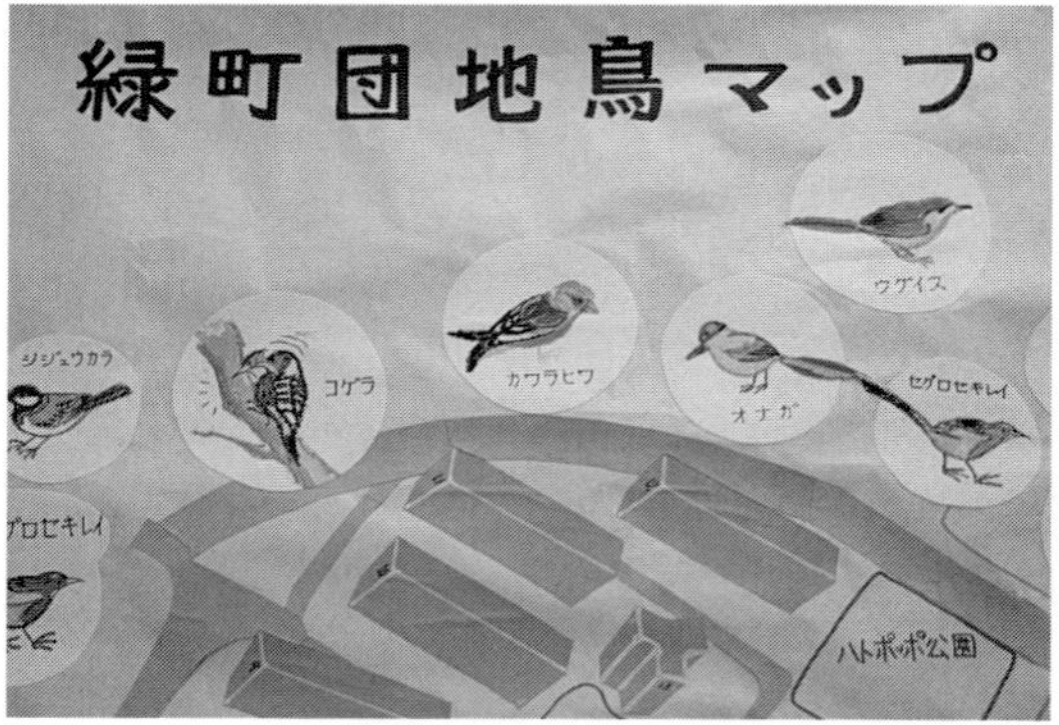

もとにした、公団案と対比できる質を持った案づくり。間取りプロジェクトもつくられました。あるおばあちゃんは、公団のうなぎの寝床型の原案を一目見て、「真ん中に台所があっては強制換気にせざるをえない。これではおいしいお粥はたけません、おいしい魚は焼けません。自然喚気によってこそ、おいしい食事が作られる」。生活者ならではの間取り提案がなされていったのでございます。

　それまで公団の課長さん、「緑町団地だけを特別扱いにはできません。機関決定は曲げら

ハゴロモジャスミン
オランダミミナグサ
ミヤコワスレ
うすむらさきの きれいな花がさく。
コハコベ
チチコグサモドキ
イノモトソウ
コナスビ
クサソテツ
カタバミ
ハナニラ きれいな花がさく
2号棟
先生これ 何の草ですか？
うちの近所にも いろいろはえてるのね。
ヘビイチゴ
メキシコマンネングサ
ニワホコリ
これは エート
みんな何もしらないな〜
おとなもこどもキョロキョロ
カラスノエンドウ
オオイヌノフグリ
ペンペングサ（ナズナ）
ハルノゲシ
きいろい花がさく

れません」の一点張り。しかし、団地の緑の環境、時と自然がはぐくんだすばらしい魅力を描いた二十数枚のパネルをまえに何度も語りあうなかで、ついに課長さん、「私も子どもの親であります。これまで組織の立場で突っぱねましたが、みなさんがこの団地をこれほど愛情こめてはぐくんでくださる姿に打たれました。公団案はいったん白紙にもどし、もういちどごいっしょに考えましょう」。こうした歴史的発言を引きだすことに成功したのでございます。

住民案を取り入れ
建てかえ完成

やがて公団の専門家も、こちらのお助け専門家の案を参考に練りなおし、それをめぐって住民とのやりとりが何度も重ねられる。ついに武蔵野緑町団地は、八五五戸の公団住宅に、高齢者も住みつづけられるようにと住民が八年がかりで誘致し

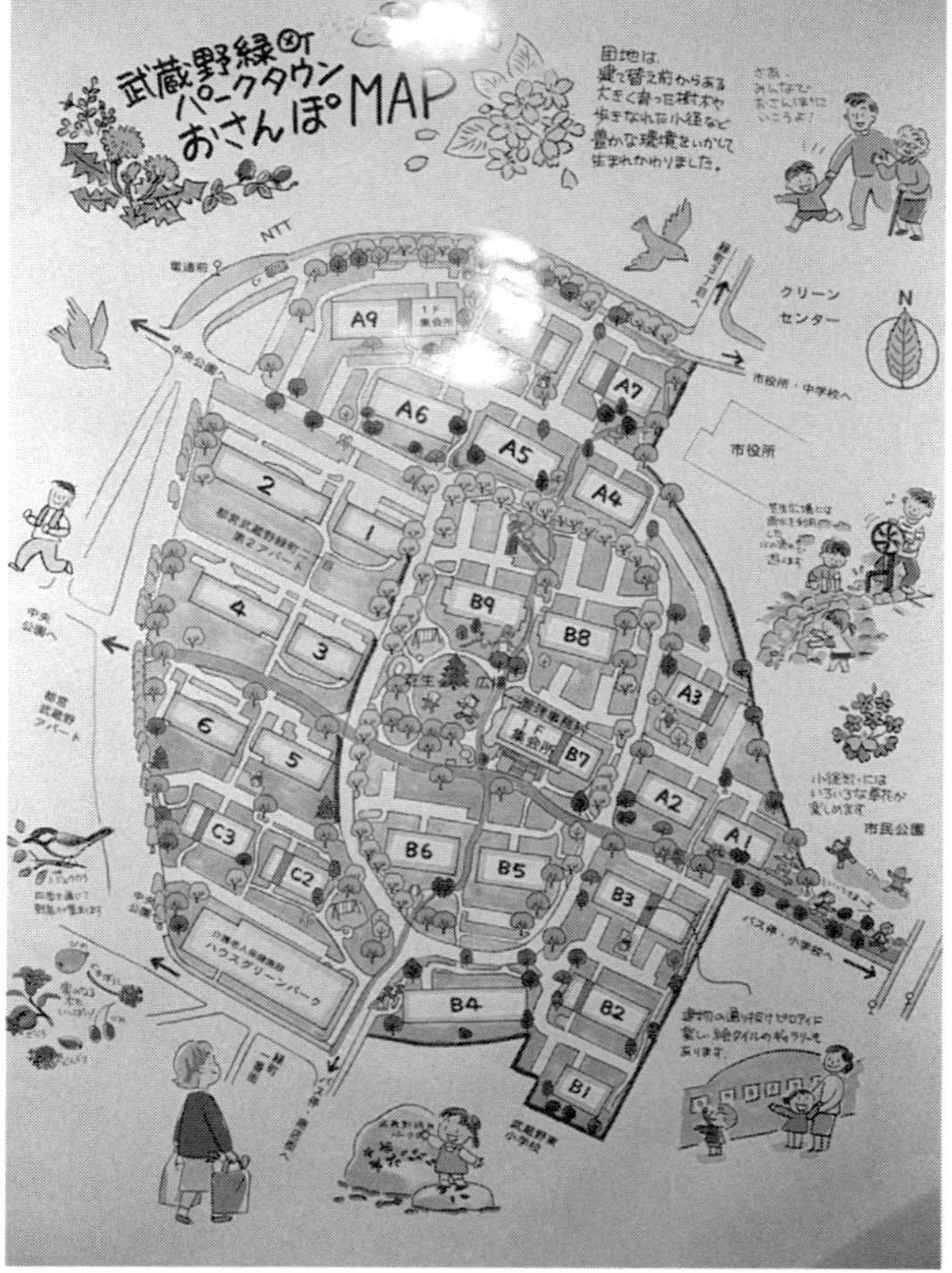

た都営住宅・二四〇戸、さらに老健施設・一〇〇床をくわえ、緑町パークタウンとして生まれ変わることになったのでございます。

さまざまな住民発のアイデアがいかされたパークタウンの姿

を、とくとご覧ください。「一棟に百戸も入る軍艦団地では、とてもコミュニティがはぐくめません。自治会活動ができるのは五十戸がせいぜい」と、原案の建築は羊かんのごとくふたつに切り分けられ、通路は絵タイルで楽しく飾られる。桜並木はそのまま残り、東西の道（中扉参照）は小学校の子どもが通学のために抜けていく地域の動線となり、桜並木と放射状の道があやなすブロックに建物が配置されていきました。台所仕

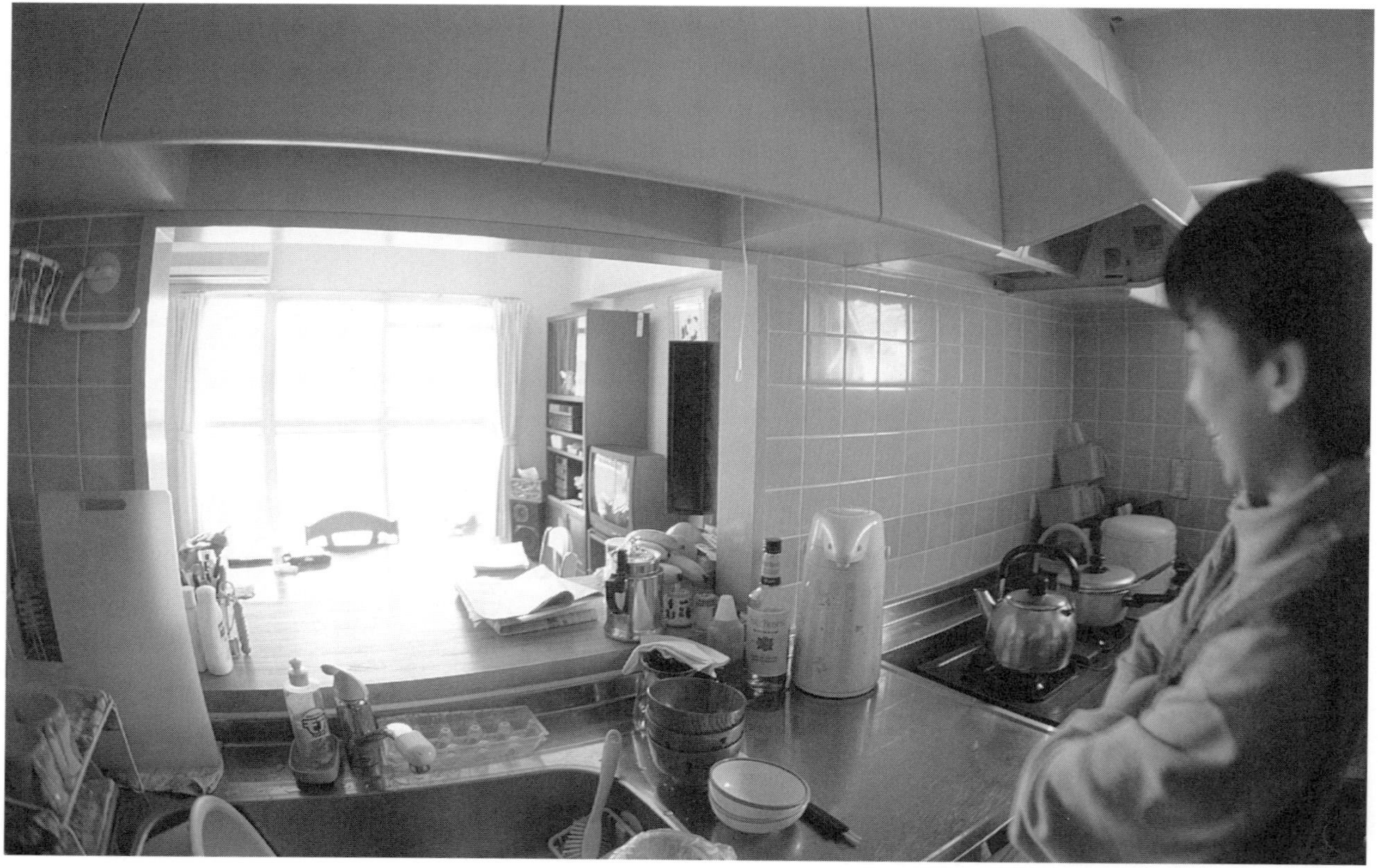

事をしながらリビングの向こうに花を楽しみ、子どもの往来を眺める一こまです。

世は高齢社会、お年寄りも増えました。ひとり暮らし用住宅は、もとは六畳の設計でしたが、「連れあいを亡くしても、思い出の品物がたくさんあり、六畳では狭すぎて寝られません」。八畳部屋に広げられたのも、住民発のアイデアでした。

さらに建てかえのため抜かざるをえなかった樹木はベンチへ生まれかわり、号棟の入り口で人びとを迎え、旧団地の記憶をとどめる円形の集会場では週一度、「グリーングラス」なる住民の手作り喫茶店が営まれます。世代を超えて人が集まり、外のベンチでは日差しを浴びてのコンサート。たえなる楽が響きます。

つどい、まどいの場所として、エレベーターを待つためのベンチが作られたのも、みなこれ住民の発案です。とはいえエレベーターにあんまり近すぎては、人はかえって座らないもの。二期工事では改良をくわえ、少し

離れてベンチを置けば、いつしかおじさんたちの溜まり場ともなる。憩う人びとのまなざしの向こうには緑の垣根。赤いおかめ南天で子どもはウサギの顔をつくる。

さりながら、いいことだらけではありません。現代ハイテクを駆使する住宅は、お風呂の給湯ひとつにも設備や設定が複雑で、慣れぬ年配者には使いづらい。くわえて引っ越しのドタバタもあって、「気分落ちこみ病」にかかるおばあちゃん。しかし、近所の人が気がついて、「おばあちゃん、最近ふさいでいるなあ、姿見ぃへんなあ」と声かけあい、近隣のサポートで気持ちの回復も果たします。建てかえ中の仮住まいで、いったんバラバラになった人間関係がふたたび結びあいつながりあい、人のセーフティネットを再建するプロセスでした。

さて、建てかえ計画が起こってここに星霜十二年、二〇〇三年春四月、ようやく迎えた完成記念式典でございます。こちらの横山さんは、かつては自治会活動など参加したこともない人でしたが、「入居二十年目にして私の鉄の扉は開かれた」と、建てかえ運動の輪のなかへ登場し、信頼されて建てかえ対策委員長をつとめました。「つなげようみんなの想い、育てようみんなのまち」と呼びかけて、世代をこえて受け渡されるパークタウンに感無量。

中に立つ女性は興梠《こおろぎ》信子さん。事務局長として全号棟の住民集会にすべて参加。たんなる建物の建てかえではなく、暮らしのなかの困りごと・悩みに耳を傾けて、それを解決する建てかえ案をまとめてきました。ともにおさまる公団の中田さん（左）も、住民のつぶやきをかたちにするため協力を惜しまなかった専門家。さきに紹介せしパークタウンの「おさんぽMAP」作者は、この団地に生まれ育ったイラストレーター・木村文《あや》さん。絵地図などの表現に専門的スキルを生かし、表現の力を通して合意形成に至るみちすじを開きました。

　大家の公団、店子《たなこ》の住民、そして外部のプランナー。対立をエネルギーにかえ、対話を生みだし、ここにうれしき竣工の春。仏作って魂入れて、育つわれらのコミュニティ。建物・空間づくりと人間関係づくりが、ハードとソフト、車の両輪のごとく進みます。

　老朽化する集合住宅、その住民参加型建てかえの金字塔、武蔵野緑町パークタウン物語、これにて一巻の読み切りでございます。

第 4 話

20年めのユーコート
京都洛西、ニュータウンの生命力

ユーコート、その内と外

桂離宮から西へ五キロ、ここは洛西《らくせい》ニュータウン。

上から見ますれば、中庭を囲んでアルファベットUの字の特徴ある姿をもちます建物が、このお話の舞台・ユーコートでございます。

容積率なる専門的なものさしをあてがいますなら、一五五パーセント。町中の中層集合住宅なみながら、たっぷりとした中庭のおかげで、こせこせした感じがいたしません。

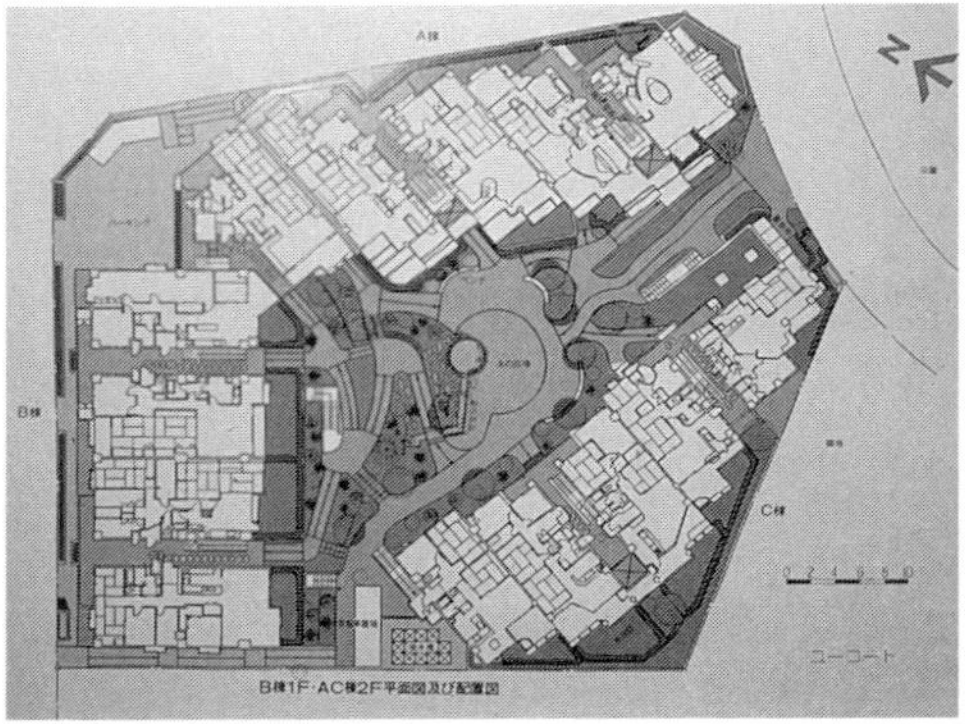

B棟1F・AC棟2F平面図及び配置図

20年めのユーコート
京都洛西、ニュータウンの生命力

従来、集合住宅は、「南面、日照は平等」を金科玉条《きんかぎょくじょう》に、箱物が平行に並ぶのが常ではございますが、ここでは住民四十八世帯、「お日さまもだいじやけど、この階段をおりてきた子と向こうの階段をおりてきた子が出会い、人間関係を育むのこそ、住まうということには、いちばんだいじ」の思いから、このようなU字型のレイアウトとはなったしだい。

各家、大小の違いはあれど、それぞれ設計に創意をこらす。とあるおうちをのぞいてみれば――。

六五平米、およそ3DK相当の空間を、なんとワンルーム仕立て。「なんでこんなまちごうたことしてはるんや」と言われる向きもございましょう。このご夫婦が言いますには、「夫婦共働きでくたくたになって帰ってきたとき、私たちがほっとできるのは、この美術館のような空間」。

とはいえ両親はこんなかっこいい舟形ベッドに休みながら、当時小学一年生の女の子（写真中央）は、まるで体育館の隅っこに寝ているかのよう。しかし、彼女の頭のうえにはバルコニー、そこから玄関に向かって風が吹きいる。彼女は「風の道」に休んでいるのでございましょう。クーラーという、エネルギーを過剰に消費する機器ではなく、風という環境エネルギーを活用

することで、地球環境にやさしい住み方を選びとるとは、いささか褒《ほ》めすぎでありましょうか。

さて、こちらは朝ごはんをバルコニーで食べている家族たち。食堂で飯を食い、寝室で寝る——空間が人の住み方を規定するのではなく、家族の成長、気分にあわせ、自由自在に空間を使いこなす。

コーポラティブ住宅とは、いわば持ち家共同建設でございますが、お金を持たない庶民が自宅を持つという悲哀の実践をしているのでございましょうか、朝食の食卓のうえが少しさびしいのが気がかりでございます。

それはともかく、お母さんの背中左手に目を移せば、バルコニーが隣家に続いていることが見てとれます。おたがいプライバシーを守ることを前提に、

子どもが自由に行き来をし、おかずのおすそ分けができる路地にしようと、だれひとり閉じることなく、開かれたバルコニーを住民合意で生みだしたのでございます。

外に目を向ければ、四六時中、子どもやお年寄りの目を休ませる光景が織りなされてまいります。こちらの階段をおりてきた子と、向こうの階段をおりてきた子が、きょうはなにして遊ぼうかと池のはたで相談中。その子どもが、今度は小さい子どもの面倒をみる。

今日、日本の子育て環境の悩ましき現状はいくつもあげることができますが、子どもの育ちにもっとも重要な異年齢集団の消失ほど悔やまれるものはございません。さりながら、ユーコートでは広場を舞台に子どもたちは異年齢集団をこしらえていく。

女性の車椅子を男の子がそっと押す、健常者と障がい者がともに生きるノーマライゼーションの世界も広がります。

緑がこんなに あふれるまでに

ここで時計を巻きもどし、ユーコートが生まれた一九八五年十一月の写真をばご覧ください。

遠くに高層公営住宅、中ほどに公団賃貸住宅、そして手前にユーコート。そのぎすぎすした姿は、現代コンクリート・ジャングルの宿命でございましょうか。

しかし、それから数年、背後の集合住宅はなんら表情を変えないものの、手前のユーコートには全戸のバルコニーから緑がのぞく。とはいえ砂漠に緑をむりやり置いた観は否めないのでありますが、さらに十五年をへますれば、あふれる緑に虫が通い、虫を求めて野鳥が来る、ちょっぴりワイルドな森のような環境へと変貌。これみな住民のコンセンサスのもと進められたのでございます。

現代は土地に建築という異物が打ちこまれる、そんな時代で

ございますが、人工的なるものと自然的なるものがよりそう環境共生型の都市づくり、その一端がここにはある。都市では建物が空に向かえば、ユーコートの壁面にも、ジャックと豆の木よろしくツタが空に向かって伸びてゆく。お神輿《みこし》で練り歩く子どもたちをそっと見守るツタの緑。上の階ではツタを植え、下の人はキウイを植え、キウイはどんどん伸び上がり二階のバルコニーへと這いのぼり、なり物はみんな二階の人がいただくという、思わぬ生活エピソードも生まれたのでございます。

しかし、こうした美しい生活シーンは一朝一夕《いっちょういっせき》に生みだされたわけではございません。

小さな子どもたちは、花が咲けば蜜を吸い、おもちゃとするために花をちぎる。小学生になってもこんなことをしていては、さすがに大人たちも叱るとはいえ、幼子《おさなご》にはそれを許してやるのでございます。いわく、「人間一生のうち花をちぎって遊べるのはこの年齢のときだけやないか、子どもには花をちぎる自由を与えよう。子どもが花をちぎるが早いか、大人が花を咲かせるが早いか、子どもと大人の競争や」。そんなおおらかな言葉がユーコートの中庭では、聞こえてくるのでございます。

大人たちはある年、子どもに呼びかけます。「みんなでここに花を植えよう」。

小さな子どもがいっぱい集まり、この年、この場所に、花も緑も絶えることはありませんでした。子どもたちを、「してはならぬ」の禁止の世界に追いやるのではなく、子どもみずから

を、自然を守り育む担い手に育てていく。それを裏書きするように、翌春、子どもたちの提案になるチューリップの花文字「ユーコート」が、ひときわ美しく描きだされたのでございます。

しかし、これほど質の高い土や水や緑をだれが管理してるんや、そんないぶかりの声もございましょう。この池で子どもが事故を起こしたらどうする、日常の管理がわずらわしい――さまざまな否定的意見が聞かれたものでございます。しかし、気が遠くなるほどの議論のすえ、いっさい業者に頼むことなく、すべて住人たちにより管理されているのでございます。

ひとたび池ができあがれば、冷たい水に触れるのはなんと気持ちのいい遊びでございましょう。わずらわしい水の管理という大人の発想を超え、子どもの遊びに視点を移し、市民参加の環境管理へ発想の転換が芽ばえてきたのでございます。

一人ひとりに 眠る力を花開かせる

美しい自然を呼びもどすことだけがまち育てではございません。

わが子をすでに育てあげたおっちゃんが、「子どもが大きくなるには、水や緑や仲間と取っ組みあうことがだいじなんや」と、まるで鞍馬天狗か月光仮面のように子どもを見守る、ソーシャル・アンクル「地域のおっちゃん」へと身を変える。

ソーシャル・アンクルあれば、ソーシャル・アント「地域のおばちゃん」もあり。このおばあさんはある年の夏祭り、「みんなでわらじを作ってみよか」と呼びかける。農家でわらを分けてもらい、木槌で叩いてわらじを作る。日本の生活文化がまたひとつ、世代から世代へ受け渡されていくのでございます。

夏祭りのハイライトは和太鼓の演奏会。ニュータウンというきわめて匿名性の高い地域社会でまわりの住民も交えつつ、小さな子どもに高校生の女の子、

お母さんも集まって、和太鼓の音がとどろくとき、つどい住みあうイメージが、いっそう輪を広げていくのでございます。

音楽は、和太鼓にかぎりません。

ある年の五月からは、クラシックの演奏家を招いて集会所や中庭でコンサートがはじまります。五月はアイリッシュハープ、六月は弦楽カルテット、七月はジャズコンサート、八月はロックコンサート。ニュータウンのあちこちから中高生たちが集まりました。こうして月一回、生の音楽に触れるうち、九月にはお父さんの一人が、みんなのまえでシューベルト「美しき水車屋の娘」を披露する。けっしてプロの歌い手ではありません。生涯一度でいいから人前でシューベルトを歌いたい――学生のころから抱きつづけた夢が現実となる。証券、金融、生き馬の目を抜く激しい仕事に携わる人も、住まいに帰れば心優しいライフスタイルが得られる。中年になって生まれてはじめてチェロを買い求め、セロ引きのゴーシュになろうというお

父さんも現れ、まわりに呼びかけて、ユーコート・アンサンブルの誕生です。

まちづくり・まち育て、それは人づくり・人育てそのものなのでございます。

ユーコート育ちの
若者たちは、いま

さて、ユーコート建設二十年を迎える二〇〇五年の八月二十日、ユーコート育ちの若者たちに集まってもらい、来《こ》し方をふり返るワークショップを行ないました。

二十年まえ、ここに生まれた子も成人となり、十歳でここへ来た子は、いまは三十となる勘定。ご覧ください、中庭の水辺に遊んだ子の「なれの果て」の姿を。中庭体験が功を奏したのか、この子はいまやフリークライミングではオールジャパン級の選手となりました。ほかにもまことに多《た》士《し》済々《さいさい》、バイオリニストあり、ロシアへバレー留

学あり、建築家あり、司法書士あり、福祉職あり、大工あり、あるいはみずからコーポラティブ住宅建設の仕掛け人になろうという子もあり、それぞれ個性ある人生を歩みはじめているのでございます。

こうした個性の背景に、いかなるユーコート体験があるでしょう。

小学一年で引っ越してきた黒木恒《こう》太《た》郎《ろう》君は、新しいわが家の玄関扉を見て驚いた。以前の鉄の扉とうってかわった、外から中が丸見えの、「すけすけルック」扉であったのです。

毎日不安にさいなまれ、「ここにカーテンかけるんでしょ?」と母に問えば、「そんなもん、かけへんよ」。その一声に覚悟がきまる。それから星霜二十年、自分が家をつくるなら、玄関はすけすけルックにするよ、と黒木君。

さらにつくりたいのは「動く畳」と屋根裏小屋。子ども時代、毎日探検した四十八軒のなかには、三枚の畳を自由自在に

敷きかえて楽しむ家あり、また最上階の家には屋根裏小屋あり。友だちとターザンごっこをするわ、もぐりこんで絵本を読みふけるわ、まさにワクワクドキドキのひととき。「これがぼくが家をつくるときのベスト・アイテムや」と宣言します。

ならば、ユーコートに住んで困ったことはなかったかと聞いてみれば、「外に出るのにかならず中庭を通れば、よそのおっちゃん・おばちゃんがきっと声かける。悪いことしたときにはおっかなビックリ、大学入試にすべったときには通りたくない、ほかに道はないやろか、と思ってました」。でも、めでたく司法書士に通ったときは、中庭でだれでもいいから褒めてほしかった、と苦笑い。中庭を囲む個性的な空間が、個性的な発想をかきたててくれた次第。

親子が語る二十年

さて、若者たちにユーコートに住みつづけたいかと聞きますと、「ぼくらは結婚したらここに住むので、お父さん・お母さんは出ていってね」という声あり、「外に出て私らは新しいユーコートをつくりたい」という声もあり、そのにぎやかなこと。

山川さんちの姉弟《きょうだい》も、二派に分かれておりますが、山川家では弟なる孝平君が四つのときに両親が離婚をし、父はユーコートをあとにする。

住みつづけたい派の孝平君、「ぼくに親父はいなかったが、まわりの仲間とじゃれあった、よそのお父ちゃんに怒ってもろた。ときには「孝平このごろ顔つき変わった、ようなった」と言われてガッツも湧いた。みんなに囲まれ育つことができたのが、ここに住みつづけたい理由」と語る。

一方、姉なる山川メイは大学三年、きょうは久しぶりの帰省です。父が去ったのは七歳のとき。でも、「学童保育で指導員さんが、きょうはなにして遊ぼうかと聞いてくれ、中庭や公園で、毎日がドキドキハラハラ」と語ります。

ユーコートにはピーク時、百人の子どもがあふれ、集会所には学童保育の子どもたちの笑い声。夏祭りともなれば、「今年はなにやろか」。だれかが「オバケ屋敷！」と答えると、みん

なで総がかり。恒例の手づくり神輿が練り歩けば、およそニュータウンという、人と人とが切れ切れになりがちなまちで、地域に根ざした暮らしの文化を掘り起こす。

　夏祭りに忘れてならない「和太鼓」クラブ。日ごろの成果を発表し、大きい子・小さい子、音もひとつに轟《とどろ》けば、まさに胸のすく思い。ひさしぶりに帰った若者たちが昔とったなんとやら、ばちを手にもち太鼓に向かえば、忘れぬリズムがよみがえる。

メイの思い出はつづきます。

　田村のおっちゃんがうちへ来て、いっしょにご飯食べるかと思えば、私がよそへご飯を食べにもいった。ピーク時に猫が九匹、犬が六匹、幸《ゆき》さんのところはウサギもいて、いろいろな生き物といっしょに住めた。そうそう、節分もすごかった。八時になると、和太鼓クラブが中庭で太鼓をたたき、鬼に扮したお父さんたちが階段室をかけおりて、子どもが豆を「鬼は外!」。地域の子どももかけつけて、あんなおもろい節分はない、私の生涯最高の宝物や——と、メイはいまでも笑います。こんな楽しい住まい方を、外にも広げていきたいのでしょう。

ひさしぶりに集まった若者たちは、かけがえのない体験を口ぐちに語り、同時にせまり来る両親の老後にも思いをはせる。

「親たちも年いったので、エレベーターをつけられへん？ 集会所を地域の人もまじえて出会いの場、デイサービスならぬ出会いサービスの場にできへん？

いままで面倒みてくれたおっちゃんの車椅子は、ぼくが押したる！ そのためにも若者どうし、機会があれば交流しよう」

頼もしいかな、元・子どもワークショップのひとときであります。

さて、翌日は大人のワークショップ。大人たちはこれからの「長い老後」をどうやってユーコートに過ごすのか、額《ひたい》つきあわせて考えます。

これまでの二十年とて、紆余《うよ》

曲折《きょくせつ》あってここまできた。これからもなんとかやっていこう。さすがにエレベーターなしで五階はしんどい。ユーコート名物の花や緑も管理がたいへん。かつて遊んだ子どもも巣立った。しかし子どもが孫を連れて遊びにもくる。集会所で地域といっしょにデイサービスもやりましょう。困難をのりこえていくには、みんなでいっしょにご飯を食べることや。いっしょにご飯を食べるなかで、若者も、外国人も、いろんな世代もまじりあう。地域に向けてこのユーコートを開いていこう。

夢は尽きないひとときです。

建設からはや二十年、年年歳歳、咲く花は同じくも、歳々年々、人は変わり、ユーコートも変わる。それは豊かな熟成へ向けての歩みでもあるのです。

人が育ち、住まいが育ち、まちが育つ。京都洛西ユーコート物語、これにて一巻の読み切りでございます。

第５話

宝は足元にあり！
絵金の里のまち育て

水きり瓦、絵金、まちの宝探しだ！

桜の木の下には死体が埋まっている——と申しますが、地域には、歴史に文化に仲間にアイデア、無限の宝物が埋まっております。まち育ては、地域の宝物探しから。地域づくり、仲間づくり、まち育て、その発想の転換をうながすお話でございます。

南国土佐は高知県、高知空港

から車で十分に、赤岡町がございます。黒潮洗う太平洋に面する人口三千六百人、日本でいちばん小さな町。

去《さ》ぬる年、私がもとに舞いこみしは、「町の未来をいっしょに考えてほしい」という依頼。さっそく赤岡訪ねてみれば、町の人びと口ぐちに、「地域にいるのは年寄りばかり、子どもは

どんどん減るばかり。景気は悪し、策はなし。もうあかんのやないだろか」と憂い顔。

住民参加のまちづくりにいちばんだいじは想像力。もうあかんと思うも想像力、まだまだいけると思うも想像力、みなさんどっちに賭けますか？　問えば人びと顔をあげ、「まだまだいけると思いたい」。まずはおのれを知るために、**まちの探検**へと踏みだします。

土佐の高知は台風銀座。虎鳴

き猿叫ぶ雨風から、白い漆喰《しっくい》守るため、水切り瓦という美しい工夫がございます。よそ者(私)が「これは世界にここだけや」、言うたとたんに目が変わり、「こんなもの、世界中どこにもあるものやと思っていた」と、まちの宝探しも本格化。町中を子どもが走りぬけ、まち発見のワークショップ。成果はなんと、「あかおカルタ」にまとめあげた。

知る人ぞ知る絵師《えし》金蔵《きんぞう》。江戸末期、妖《あや》しくも絢爛豪華《けんらんごうか》な泥絵の具でデカダンスな芝居絵を描

いた土佐の絵金の、赤岡はそのゆかりの地。調べてみれば地域住民、なんと二十数枚もの絵金の原画を隠し持つ！　さっそくそれを持ちだして、町の灯・家の灯みな消して、ろうそくの炎に浮かびあがる、おどろおどろしき芝居絵を眺める、まことに真夏の夜の夢のごとき絵金祭りが始まったしだい。

さて、まちから銭湯が消えていくのは、全国いずこも時の流れ。とはいえ、赤岡の朝日湯

プログラム

も、すぐさまとり壊されたわけではございません。男湯女湯、あいだのしきりをとり払い、まちづくりの話しあいの場に変身する。先進事例の調査に行った米屋のしまちゃんは、みんなのまえで発表するとき、「ぼくは人生にいろいろ夢がある。ひとつの夢は、生涯一度でいいから銭湯の番台に座ること。きょうはじめてそれがかないました」と笑わせる。古い脱衣場を背に、遊び心とあたらしい発想をもって、立ちあがり始めた住民でございます。

「冬の夏祭り」の
おもろい人びと

全国各地にシャッター通りが出現の昨今、ここ赤岡の横町《よこまち》商店街も、ご他聞には洩れません。

そんなおり、横町のおっちゃん・おばちゃんと、よそからやってきた若者の、「寒いときカキ氷食べたらうまいかなあ」と思いつかれた「冬の夏祭り」。

PENNY
COLLEGE

だいたい冬の夏祭りという人を食ったネーミングに、常識をのりこえようという自由感覚がみなぎっているわけでございます。

ある年の冬の夏祭りをのぞきましょう。

なんやなんや「道のうえのこたつ」やないか。驚きの声をあげてこの光景を見たとたん、道は今日、自動車が通るものと思いこんでおりましたが、そうやない、お年寄り・子どもの生活空間やという原点に引きもどされる。スピード、効率、現代生活のものさし超えて、メローでスローな世界が現実を変えていくのではないかと、発想の転換をうながします。

こたつだけではございません。「道のうえのちゃぶ台」もございます。「星一徹の間」とは、かの巨人の星でお父さんがちゃぶ台をひっくり返すシーンを彷《ほう》彿《ふつ》とさせられますが、人びとはそこで平和のうちに、おいしい

カレーや焼きそばを食べ、くつろいでいたのでございます。

空き店舗多発の商店街に現れでました御用聞きカフェ「がってんだ!」。どんなカフェかと申しますと、やってきたお客さん、「どこそこのおいしいお饅頭《まんじゅう》買《こ》うてきて」と注文すれば、そばに控えし子どもたち、「がってんだ」の声も勇ましく駆けだします。空き店舗対策と子どもの環境対策は、とかく縦割りになる今日の行政。されど住民発想はなんでも横割り。

こんにゃく屋横矢のおばあちゃんは、「きょうはおもいっきりおいしいすいとんを子どもたちにごちそうしてやる」と、すいとんづくりを指南する。教えるだけではございません。おばあちゃん、「食べるときには正装すべし」と、頭には三日まえに徹夜でつくった防空ずきん、胸には大日本国防婦人会と書いたたすきをかける。

　そもそもこのおばあちゃん、さきほどの絵金に触発されて住民がつくった歌舞伎団の座長でございます。絵金歌舞伎は日本各地の農村歌舞伎のなかでも高

名なるレベルに達し、ついには花のパリ公演。遠きジャポンから八十すぎたおばあちゃん来たれりと、ドゴール空港にお医者さまが出迎える始末。公演にパリっ子やんやの喝采、ジャポンのカントリーにはこんなすごい文化があるのかと、びっくり仰天、ブラボーブラボー。

その横矢のおばあちゃんに、すいとん食うのになんでこんな防空ずきんやたすきが必要や、子どもに軍国主義を吹聴するのかい、と聞きますと、「パロディーや、パロディーや」と笑いとばす。もとより芝居心のあるおばあさんでございます。

パロディーもあればメロディーもある。つづいて登場のおじいさんは、アコーディオンを抱えて懐かしのメロディーを奏でる。ギター爪弾《つまび》くストリート・ミュージシャンの若者も交じります。

つづいては冬の夏祭り実行委員のお一人、靴屋の間城さん。

「色は黒いが名は間城《ましろ》」がキャッチフレーズの間城さんは、稼業の靴屋をほうりだし、ハギレを素材につくった「女のたしなみ三点セット」の説明中。女のたしなみ三点セットとはハンカチのこと。悲しいときには涙ふき、笑うときには口もと隠し、ジェラシーにもだえれば歯軋《ぎし》りに使う。この卓抜なる発想もおかしいが、実演パフォーマンスをもって説明する姿を見るにつけ、なんでもありの精神が、硬直した現代世界を変えていく。

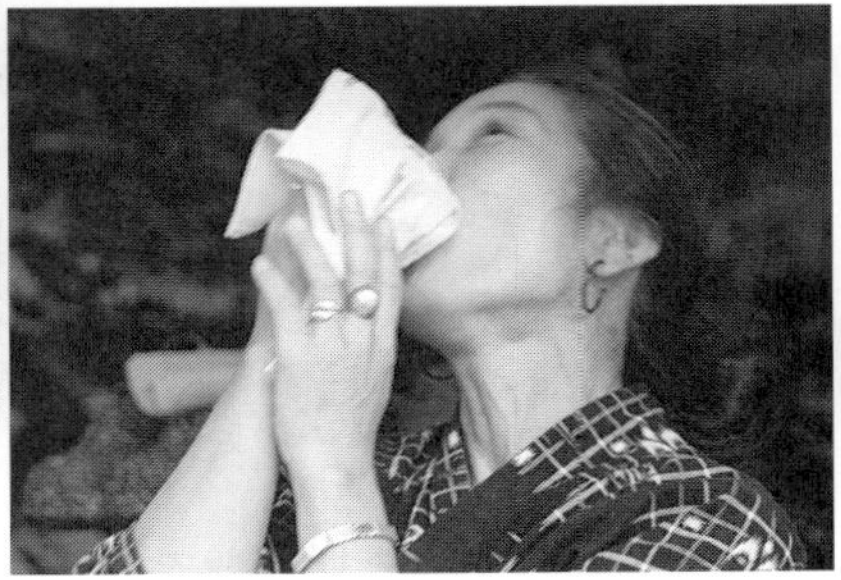

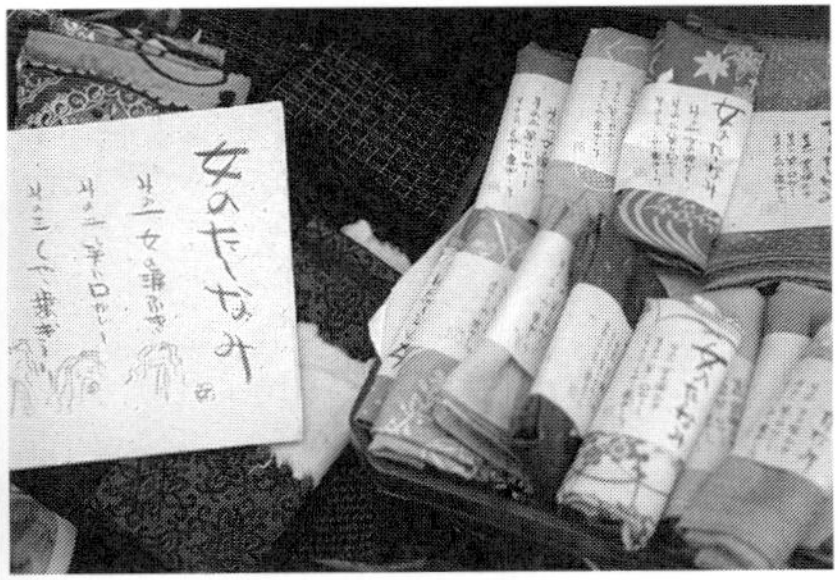

若者たちは土間にくつろぎ、音楽を楽しみ歓談し、子どもは一日ゲームをし、漫画に読みふける。のどかなる時の流れが、道のうえからひろがります。

赤岡で出会った若者が
路上結婚式

「冬の夏祭り」のテーマは毎年変わります。ある年は、「昔は未来、ここにあるあかおかぶらんど」。この年、もっとも人びとの耳目《じもく》を集めたシーンといえば、婚礼の路上お披露目《ひろめ》「嫁配り」。かつてこの地には、お嫁さんがやってくると、地域への披露目を「嫁配り」と称しましたが、伝統が現代によみがえったのでございます。

　とはいえ、こりゃけっこう金をかけているやないか、とお思いの向きもございましょう。これみなすべて、あっちの蔵こっちの物置から拾い集めたものにして、では、着付けの金ぐらいは要《い》ったやろう、と問うてみれ

ば、着付け屋さんも「こんなユニークでおもしろい結婚式につきあったのははじめてや、感動しました、タダにさしてもらいます」。
　そう、この若者たちはけっしてやらせではございません。赤岡のまち育てで出会った二人が、現実に人生をともにしようと歩みだしたのでございます。
　世界にたった一つの手づくり感覚あふれる嫁配り、二百メートルの路上を進むあでやかな二人を、若者たちが長持ち歌ならぬロックでお祝いしています。

古い蔵に響く
ジャズボーカル

捨てられていくものにふたたび命を与える。この発想の最たるものは、かの絵金ミュージアムでございましょう。

あるとき議会と行政は、大きなコンクリートの箱物をつくり、絵金の芝居絵を展示して、地域観光のスポットとすることを考えました。これを知った住民は、わがまちにコンクリートの箱物は似合わん、あちこちに空家があるやないか、もと農協のあの蔵を活用しようと逆提案。さいわい行政に容《い》れられて、めでたく蔵は買いとられたのでありますが、改造まえにひと活用。

おりから南国のクリスマス、東京からやってきた四人のジャズ・ボーカリストのコンサートが開かれて、古いジャズ・新しいジャズ、心ゆくまで楽しみます。美しい歌声流れる空間に、強度を高めるための美しい斜材、古人《こじん》の工夫と美のかずか

ずに目をとめて、改造してもこれは絶対だいじにしようと、うなずきあうのでございます。こちらはシッポリ「新内」を味わう　粋《いき》なひととき。ちなみにこれは、のちの開館記念イベントの一こまです。

　やがて、設計ワークショップが行なわれ、絵金ミュージアムはいかにつくり、いかに運営していくかという議論がはじまります。こんにゃく屋の横矢さんも、水道屋の純子ちゃんも、高知からきたファシリテータのれいちゃんも、設計者も、いろいろな人がまざりあい、自分たちの居場所づくりを進めます。いま、「絵金蔵《えきんぐら》」の外装はできあがり、通る子どもも、「これはやりすぎやないか、古さがないでえ」と、いぶかるように見上げておりますが、内部はどのようになっていくのか。いずれのお楽しみといたしましょう。

絵金蔵

2005年2月11日オープン
9時～17時、月休
Tel&Fax：0887-57-7117
http://wwwi.netwave.or.jp/˜ekingura/home.html

百万回あなたに「ありがとう」

さて、ふたたび横町の商店街へもどりましょう。

間城の靴屋さんの二軒先の美容室では、奥さんが亡くなって、ご亭主は悲嘆の涙にくれておられました。思い出のよすがに看板を残し、そのまま空家にしていたところ、ここを使って住民持ち寄りのリサイクル・ショップ「おっこう屋」がニューオープン。ここでも「まちの縁側」、その新バージョンが生みだされていったのでございます。

活動仲間のおっちゃんは、桂浜に出むいて、名物・五色石を拾っては、それを素材に自分で加工し、かっこいい装身具をデザインする。ちょっと障がいのある子もお手伝いに来る。思い出の品々がリサイクルされ、住民たちの懐にもちょっぴりうるおいをあたえる、地域循環型経済の試みでございます。

内輪で閉じず、縁側のように、内と外とのあいだがゆるやかに開かれていく。

だん

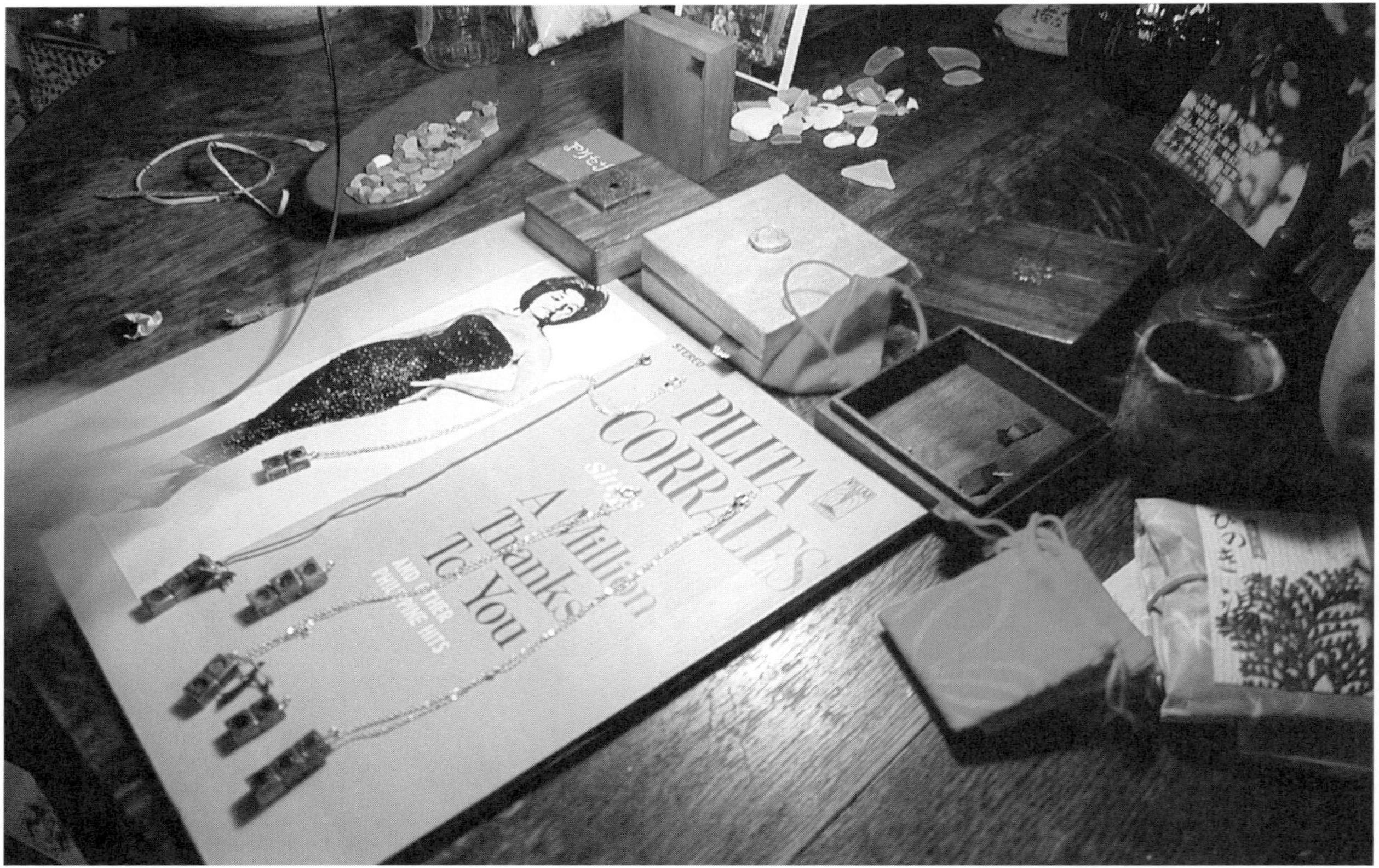
STEREO
PILITA
CORRALES
sings
A Million
Thanks
To You

持ち寄られた古いレコードのジャケットには、「ミリオン・サンクス・トゥー・ユー」、百万回あなたにありがとう。

まち育てには人との出会いがあり、思いがけない感謝にひたされる出来事が生まれます。さまざまなメッセージが出会いのなかでよみがえり、新しいかたちを織りなすことで、さらなる未来へのイメージが共有されます。冬の夏祭り、青い空に映える美しい町屋の黒い瓦と白い漆喰壁、そこに敷かれた赤い毛氈《もうせん》。美しいカラーリングの対比の世界。

従来、専門家や行政だけでまちづくりを考えますと、とかくモノ・カネの話になりがちですが、住民はけっしてそんなことは言いません。美しいものとかならずしも美しくないものと、不ぞろいには不ぞろいの美しさがあるはずや、つねづねそう言っておりました。

今日、とかく外国人と日本人、高齢者と子ども、生活者と専門家、行政と住民、人と人とのあいだに無用なバリアがそびえがちではございますが、メンタル・バリアフリー、心の障壁《しょうへき》をとりのぞく、開かれた関係づくりは地域をこえ、課題をこえ、どこでもだれでもだいじにしたい発想ではなかろうか。赤岡の人びとは、私たちにそんなことを呼びかけているように思うのです。

宝は自分の足もとにある。高知赤岡の物語、これにて一巻の読み切りでございます。

はるかなはじまりへ
——解題にかえて

トラブルをエネルギーにする

ビジュアル講談の性格上、かっこいいことばかりを述べたりお見せしたりしてきました。でも、その裏にはのっぴきならない葛藤や対立が渦巻いているのが事実です。人と人とがともに自分たちの住み場所・まちをよりよくしようという生活現場は、毎日じたばたしつつ、喜怒哀楽のさざなみや大波にゆすぶられています。

創造的なまち育ての現場は、「モノ・カネ・セイド」の理智を活用しつつ、「ヒト・クラシ・イノチ」ありきの感性が人びとの心の奥底からにじみだしていくとき、ヒト・モノ・コトのあいだに豊かな関係が紡ぎだされていきます。「住まう・遊ぶ・つながる・変わる、まち育て」の過程には、たのしいワクワクドキドキの感情と、ときには感情や価値観のくい違いによるわだかまりや相克があふれてくるものです。否定的な出来事がおこるとき、否定をマイナスにとらえるのではなく、マイナスをプラスに変える、トラブルをエネルギーに変える、しなやかな発想ととりくみがまち育てには肝要です。とりあげた五つのプロジェクトごとに、つぎのようなトラブルをエネルギーにするヒントがひそんでいます。

「偶然の幸運」をよびこむ

つい先日のこと。「まちの縁側MOMO」に富山の市民グループのかたがたが訪問・交流に来られました。地下鉄をおりてから道に迷われて予定の時間がすぎても来られないので、スタッフが探しにいきました。それでも出会えませんでしたが、一度MOMOに来られたことのある近所のおばさんが、迷っておられた富山からのビジターたちを連れてきてくださいました。

幻燈会でMOMOの活動をお見せしたあと、ティータイムに移ろうとしたら、さきほどのおばさんは、なんと遠来の客人のために短時間にわざわざシフォンケーキを焼いておもちくださったのです。

このエピソードは、あまりにもとるにたらないことですが、ちょっとしたトラブルにも「偶然の幸運」が生まれるきっかけがひそんでいることを示唆しています。あらゆる出来事の流れのなかに発する不具合や不協和を、具合のよいことや協和の関係に移行させ、「偶然の幸運」を呼びこめるように自己の身と心を開く、そんな生きる姿勢をたいせつにしたい。

このようなことは、「セレンディピティ」といわれています。この言葉は二〇〇一年のアメリカ映画『セレンディピティ』以来、わが国でも使われる言葉となりました。セレンディピティとは、「偶然に予期せぬものを発見・出会う能力」のことです。この言葉はもともとセレンディップ王国（いまのスリランカ）の三人の王子たちが旅の途中で思いがけない出来事にあいながら、めでたく幸せになるという、ペルシャ民話「セレンディップの三人の王子」によるものです。この寓話に触発されてイギリスの作家ホレイス・ウォルポールという人が一八世紀半ばにserendipityという名詞をつくり、「偶然の幸運」という意味を与えたのがこの言葉の由来です（※1）。「セレンディピティ」は、「たなからぼたもち」の受動的偶発性ではなく、

「ピンチをチャンスに変える」、事態を受容しつつ機転をきかして判断する能動的偶発性の恵みのことをいいますので、先の例はかならずしもセレンディピティとはいえないかもしれません。しかし、いいたいことは、日ごろの市民活動のなかでおこる多様なトラブルを、セレンディピティに変えられる広やかな心のもち方をたいせつにしたいということです。

絶望も希望のはじまりとみなす

神戸市の真野地区は、四十年間にわたる日本最長の住民主体のまち育てのメッカです。住民たちは公害や震災など、人の健康もまちの骨格も破壊されるような大きなダメージをこうむり、たびたび絶望のふちに追いやられました。しかし、住民はそのつど「自分たちのまちは自分たちで守り、回復し、育もう」の意志を高め、絶望も希望のはじまりとみなす、しなやかな生きる姿勢をみなぎらせました。

この地区のまちづくりの会議に出席していますと、毎回はげしい対立がおこりますが、いつも筋書きのないドラマのようにコトが運ばれていくのを目にします。ある日の会合での出来事。考え方がまったく異なる二人の長老が並び立つ二人会長方式であったので、会議の途中でお二人は、しょっちゅう葛藤の渦を巻きおこされました。「おまえがそんな考え方やから、うちのまちづくりはうまいこといかんのや。おまえはもうここから出ていけ！」と片方の会長さん。もう一方の会長さんは、「そんなん言うんやったら、オレは出ていく！」と、怒りのあまり席を立って出口のほうに歩いていかれました。真野小学校の開放教室の扉の取っ手に会長さんの手が届こうとした瞬間、それまで静かになりゆきを見守っていたある年配のおっちゃんは機敏に立って会長さんに近づき、「会長さん、ここはもう一度席にお戻りください」と手をとり、席にかえしてあげられました。

対立が高じて亀裂にいたると修復がきかなくなりますが、決定的危機がおとずれる直前に、まわりの人の機転によってそれを回避し、つぎなる場面へ移行していきました。きびしい意見の相違からくる緊張感が高まったときに、思いがけないジョークによって場がなごんでいくこともあります。対立の構図が生起したときには、機転やユーモアや冗談によって、こわばった事態を脱臼させる、関節はずしのやわらかい技によって、新しい事態をつぎつぎと動かしていく場面には、トラブルをエネルギーにすることの面目躍如たるものをみることができます。

表現は敬愛のココロを生む

武蔵野市の緑町団地では、建てかえ計画をめぐり公団と住民とのあいだにひじょうにつよい対立の構図がありました。しかし、住民たちはなぜここに安心して住みつづけたいかについて、たんに表面的な言葉で言うのではなく、多彩な深い表現世界におもむきました。住民たちは状況の深刻さと、みずからがありたい方向を明らかにするために、演劇を創作し、演じ、楽しみあい、長年の居住の経験にひそむ思い出の意味を文集につづりあいました。また、環境ウォッチングを重ねつつ、樹木や野草や野鳥などの生きものと人が共生する暮らし方の魅力を絵地図などに描きました。こうして多様な表現を重ねることにより、事業主体としての大家さん（公団）の意識がえをもたらし、住民と公団が双方を仲間とみなしあうパートナーシップ型の団地建てかえ計画づくりの過程に踏みこんでいったのです。

対立とは認識の食い違いのギャップから生まれるものですから、住民が目指していることと事業主体のおかれている制約の違いなど、双方が相手がわの立ち位置を理解しあう状況づくりにいたることができれば、対立は対話に変わっていくのです。そのさい生活者の思いや価値観を、堅苦しい、手あかのつきすぎたありきたりの言葉で伝えるのではなく、住民は意表をつく発見と提案の多様な表現世界におもむきました。それにより、事業主体がわの意識変容をもたらしました。やがて対話的コミュニケーションの持続は、当初の無理解からくる意識の深いみぞをこえさせ、相互に了解しあい、さらには敬愛しあう関係にまで高まりあっていったのです。

対立をこえるためには、わかりあうための表現活動への踏みこみの姿勢と多様なスキルの発揮がたいせつです。

反発をテコに対話のなかで人間的良心を引きだす

ユーコート四十八世帯の入居者たちは、私たち専門家グループが「市民が主人公となる京の新しい町家をつくりませんか」の呼びかけにこたえて集まってこられました。

公共の集会所や個人のお宅のお茶の間などで、たびたび幻燈会で呼びかけていたときのことです。ある子育て真っ最中のお母さんが夜遅く帰ってきたお父さんに、「お父ちゃん、きょうはええもん見たわー。人の関係がようなるコーポラティブ住宅いうのは子育てのためにええわ。お父ちゃん、いっしょにやれへん?」。言ったとたんにお父さんは、「この世の中にそんな甘いもんは成り立つはずがない。それはおまえ、だまされてるんや。おれがいってバケの皮をはがしたる」と反発。しかし、後日、私たちの幻燈会・説明会に参加された彼は、「あれはいままでの専門家や学者のやり方と違うな。信頼してもええ。やってみよう」ということで、参加されることになりました。

もともとこのかたが音楽好き・子ども好きの感受性豊かなかたであったことにくわえて、私たち専門家がわが住み手・市民に呼びかけ、対話をすすめていくときにたいせつにしたいひとつの信条のおかげで、批判や反発が状況をまえにすすめるテコになったように思います。

市民との対話をすすめるさいに、私たちがたいせつにしていることは、市民の批判や注文をじっくりと聞きつつ、あわせて生きることや住まうことにおける人間的良心を引きだす状況づくりです。私はけっして専門家づらして既存の技術・制度を無理強いするのではなく、住み手が内にいだく危機感をときほぐす方向と、夢を実現する過程を、対話のなかで分かちあうやり方をつねに目指しています。

反発も偶然もなんでも楽しんでしまう力

赤岡の破天荒な「冬の夏まつり」は、これまで十一年間、連続開催しています。毎年その実行委員会では、「『冬の夏まつり』では子どもたちが気持ちよく道のうえのコタツに一日中はいっていて、店に買い物に来なかった。『冬の夏まつり』はもうからんからやめよう」のような批判の声が商店主からあがります。そのとき、「『冬の夏まつり』はもうけるためにやっているのではない。こんなにちいさなまちに、こんなに面白い人間がいることをおたがいに知りあい、感動を分かちあうところに、『冬の夏まつり』をやっている意味があるのでは？」との反論が返ってきます。価値対立というトラブルがおこったとき、「なんのためにこれをやっているのか？」のホンネトークによってコトの本質をお互いにわかりあうところにいきつくがゆえに、トラブルはエネルギーといえるのです。

「冬の夏まつり」の意外なプログラムには、「偶然の幸運」をよぶ出来事が多発します。反発や偶然をとことん楽しんでしまう力が、つねにみずみずしい事態を生み、共感を伝えあうつながりや相互敬愛するつながりを生みだしていくのです。

以上のように五つのプロジェクトは、共通して予定調和の世界をこえて、ノイズや不協和音がたびたびおこる過程をはらんでいます。そこではつねに、対立・葛藤・矛盾を否定せずに、対話のプロセスに意識的にとりこむことによって、それまで気づかなかった新しい側面や深い層をお互いに発見し、了解しあう開かれた方向を分かちあう状況が生成しています。楽しさの背後には否定や反発が渦巻きつつ、しかし、トラブルをエネルギーにすることを面白いと思える発想が、創造的に住まう・遊ぶ・つながる・変わる、まち育てを実現させることを心に留めてくださるとさいわいです。

おもろい町人

「おもろい町人《まちんちゅ》」は、ヒト・モノ・コトのつながりの、つぎからつぎへの流れを愉快だと思える人びとであることが、一連のビジュアル講談であきらかとなってきました。

「おもろい」＝「面白い」の言葉は、もともと「見通しの悪いところを抜け出て目のまえが広々とひらける感じ、面前が明るく白くなる感じをあらわす」（※2）のです。トラブルをエネルギーにするように、よくない状況が開かれて、新しい方向が面前に広がることが「おもろい」ことなのです。まさに「おもろい町人」は、しんどいことも面白がるしなやかな生きざまを特徴とします。

混濁に満ちた現代社会のなかで、混濁の摩擦を力に変えることによって、だれもが住みよい居心地のよい住まい・まちを育むことに生きがいを見いだすのが、「おもろい町人」です。

「町人《まちんちゅ》」は、沖縄でいう海人《うみんちゅ》、大和人《やまとんちゅ》に触発されてつくった言葉です。「ちょうにん」と言うと、過去の時代の身分制のもとでのある種のイメージがつきまといがちですが、「まちんちゅ」といえば、どこのまちでもじたばたと暮らしながらも、自他のあいだにゆるやかなつながりを育むことによって自分もまちも〈いま・ここ〉でよりよく生きようとしている、ポジティブな人びとをイメージします。

ネガ（否定）をポジ（肯定）に変える、対立を対話に変える、楽しさを持続力につなぐ、面白さを想像力につなぐ、などの特徴をもつ「おもろい町人」は、このビジュアル講談のなかでは笑っている表情が多いのが特徴です。

大和言葉の「笑う」にはもうひとつの類義語として「ゑむ」があります。その違いは、「笑う」が外発的なものの結果であるのに対して、「ゑむ」は内発的なものです（※3）。

「おもろい町人」は愉快に面白がって、外面的に笑っているとともに、住まう・遊ぶ・つながる・変わる、まち育てへ具体的にかかわって、内面的にも「笑んで」いるのです。映像に見入る幻燈会への参加者も、おのずから内発的に「笑んで」しまうのです。

表現的コミュニケーションは人もまちも育む

おもろい町人は、みずからの発想で「住まう・遊ぶ・つながる・変わる、まち育て」におもむきます。この流れがスムーズにいくためには、五つのプロジェクトに共通して「表現的コミュニケーション」が介在し、活用されていることに留意したい。

おもろい町人のまち育てでは、私発協働という考え方を全面的にはらんでいます。一人ひとりから始まり他者とのあいだに多様なつながりによっておたがいが相乗効果により高まりあうことを私発協働といいます。私発協働が状況のなかで進んでいくには、自己と他者のあいだに三つのコミュニケーション的相互行為がからんでいます。第一に、言葉のやりとりによる対話的言語活動としてのパフォーマンス。第二に、協働してともに行動するアクション的パフォーマンス。第三に、対話と協働がはらむ感動を多様に表現する表現的パフォーマンス。

とくに大切なのは、表現的パフォーマンス。本書でとりあげた事例のイキのよさの背後には、それぞれに固有の表現パフォーマンスがふくまれています。MOMOでは、捨てられていた民間資源が蘇生的リニューアルによって木と土と緑の親密な空間表現に至るとともに、定期的に制作的表現活動の楽しさを分かちあい、子どもや住民作家による作品が展示され、美を分かちあっています。

神戸・真野地区では、四季折々の楽しい行事やイベントなどによる表現的パフォーマンスによって、人と人とのあいだのつながりへのマインドを育くんでいきました。

緑町団地では、強い危機感をバネに、団地居住の魅力を演劇や文集や絵地図などに表現することにより、かぎりない多様な気づきを関係者間に生みだし、表現パフォーマンスがきびしい対立を創造的対話にシフトさせることになりました。

ユーコートでは、集まり住みあうことにおいて、和太鼓を老若男女がたたきあったり、クラシック音楽のコンサートをともに楽しみあったりして、音楽という美しいものへの志向性を高めあいました。

赤岡町では、地域の伝統・歴史・文化資源を発掘し、それを相互に楽しむためのいろいろな創意工夫のある表現パフォーマンスが重ねられていきました。

楽しいこと、美しいものの表現の世界をともにすることは、ヒト・モノ・コトがつながりあうパターンへの敏感なココロを育ててくれます。表現的コミュニケーションは、たんに状況を伝え、わかりあうだけではなく、今までになかった新しい方向感をかかわる人びとのあいだに生みだし、新しい状況を開くことへの志を高めてくれます。ここに、表現的コミュニケーションがかかわるヒトもまちもともに高まりあうまち育てにつながる秘訣があるのです。

本書に登場する人びとの笑みは、そうした表現的コミュニケーションにかかわる人びとの内面に、共に生きることに向けてのみずみずしい感情やまわりへの愛情が生みだされていることを示しているのです。

幻燈会は毎回、視聴者とのあいだに感動を分かちあう、創造的なトキです。これからもいつも新しい感動への始まりがあることを目指して、はるかな道をさらに歩みつづけたいと願うものです。

※1）松田道雄『駄菓子屋楽校』新評論、２００２年、ｐ５４５―５４６
　　加藤秀俊『隠居学』講談社、２００５年、ｐ２５―２６

※2）持田季未子『生成の詩学―かたちと動くもの』新曜社、１９８７年、ｐ２２６

※3）天沢退二郎「面白がること」現代詩手帖２００６年２月号、思潮社、ｐ２７

あとがき

「無声映画の横でしゃべる人（活動弁士）のようで、いわゆる講演会を想像していた私にとっては、大変ありがたく、おもしろく、夢中でうかがいました。スライドのキカイを二台使うのはすごくいいアイデア!!」

これは、あるまち育て幻燈会での参加者が、感想アンケートに寄せた一文です。ここには、紙上幻燈会を本書では「ビジュアル講談」と名づけた由縁の一端が示されています。

ところで、幻燈会とはスライドショーのことです。スライドショーというと、いまはやりのパワーポイントでプレゼンテーションするときの用語として耳慣れた言葉ですが、ある世代より若いかたがたには、幻燈は聞いたことも見たこともない言葉です。

幻燈機は、日本にはもともと一七七二年にオランダからはいってきて、江戸時代には娯楽的に活用されました。ヨーロッパでは幻燈は娯楽面と教育面に使われましたが、とくに幻燈師と呼ばれる人が旅をしながら空き地や広場で幻燈会を開いていました（岩本憲児『幻燈の世紀』森話社、２０００年）。このあたりのことは、『意味のデザインに赴く―幻燈師・延藤安弘』という卒業論文を書かれた古谷萌子さん（埼玉大学教育学部生涯学習課程社会教育コース、安藤聡研究室、二〇〇五年二月提出）の論述に興味深いものがあります。

筆者は、住民参加の住まい・まち育てを呼びかけるにあたり、およそ四半世紀まえから幻燈会方式（二台のスライドプロジェクターをもってふたつの画面を連続させつつ物語的に中身を語る）を活用してきています（延藤安弘編著『人と縁をはぐくむまち育て―まちづくりをアートする』萌文社、２００５年、でそのことの詳細は論じた）。

幻燈会は、見るかたがたの気づきを自然にうながすに有効なコミュニケーションメディアです。各地での講演会や具体的プロジェクトを起こすときなどの学習会には、かならず幻燈会をやっています。幻燈会によって全国津々浦々で住民のキモチを育みつつみずからも育てられる、「育てられて育つ」という関係づくりを対話と協働のデザインとして重ねてきています。

この道の先達の林泰義さん（計画技術研究所、NPO玉川まちづくりハウス）は、そうした小生の活動を「人と縁をはぐくむ住まいまち育て活動」として二〇〇六年度日本建築学会業績賞に推薦してくださいました。推薦理由として、「……しばしば、技をより豊かにするたゆみない現場でのパフォーマンスは、延藤の個人芸のごとく見られる。しかし、全国各地での実績は、現場ごとに異なる諸条件を超えて平易な方法の創造性、課題解決方法の普遍性、生みだされたコミュニティの領有空間の魅力を実証している。むしろ、この方法はそれを用いる個人の固有の色に染め上げ、独自性を獲得しうる、柔らかで、増殖可能な創造性を有する点が大きな意味を持っている……」

幻燈会パフォーマンスと対話と協働の活動の価値についてこのように言及していただいた林さんに深く謝意を表したい。

新潟市で岸裕司さん（千葉県の秋津コミュニティでスクール・コミュニティを実践しておられる元祖「おもろい町人」）といっしょに講演したさい、岸さんのご本を出版している太郎次郎社エディタスの北山理子さんに、その日の小生の幻燈会を見ていただく機会がありました。後日、北山さんから「幻燈会を本にしたい」とのオファーがあったことが、本書が生まれた機縁でした。小生の口演をテープ起こしし、読み物としての講談調にリライトしてくれたのは、永易至文さん。そして、見開きごとに細心のセンスでもって割り付けし、紙のうえに幻燈会のライブ感覚を再現してくれたのはデザイナーの新藤岳史さん。本書が前例のない表現媒体となったのは、これらのかたのおかげです。多謝。

幻燈会＝ビジュアル講談が、見る人の心のなかに「あんなふつうのおっちゃんやおばちゃんが、あんなにええことしているんやったら、自分らもやってみよう」の素朴な参加意識を呼びさますことが多いのは、各プロジェクトの現場での、住民のかたがたのふるまいと応答のみずみずしさが反映されているからです。そして、毎回の幻燈会への参加者・視聴者の反応によって、「ビジュアル講談」のスタイルが生みだされていきました。その意味では、ここでとりあげた住民参画の創造的プロジェクトにかかわられたかたがたと、各幻燈会に参加されたあまたのかたがたにも、ここであらためて感謝の気持ちを述べたい。

ここにかかげた写真は一部をのぞいてすべて著者撮影によるものです。私はまち育ての現場、ヒト・モノ・コトのかかわりの場面で、「全国にこのような物語が生まれてほしい」の願いをこめて、瞬間シャッターを切ります。写真の力とその手法に気づかせてくれた今は亡き父に、そして子どものころからたびたび文学や演劇などの表現世界への関心を開いてもらった母に、感謝の気持ちを表わしたい。日ごろ、NPO法人まちの縁側育くみ隊の仲間たち、そして家族にあたたかく見守られている。ありがたく思う。

本書にふれて、読者の「笑み」がこぼれ、かつ、それぞれの地域で創造的な人育ち・まち育てにおもむく動きがおこり、さらに高まるようであれば、これをつくったものとして望外の喜びです。

二〇〇六年　春のきざしを感じつつ

延藤安弘

まちの縁側MOMO

地域の概要	名古屋市東区代官町（名古屋駅から東に2.9km）の市街地に立地する木造一戸建の旧歯科医の診療空間等を活用している。 周辺は住商混在、古い低層住宅と新しい高層マンションの混在した都心縁辺地区。
NPO法人まちの縁側育くみ隊のねらい	〈まちの縁側育くみ隊〉は、福祉と生涯学習・文化と芸術・環境の保全・子育てなど、さまざまな活動が互いに出会い、混ざり合い、対話を生み出す場としての〈まちの縁側〉を育みます。 まちとくらしを支援するさまざまな事業を、人々の善意とボランタリー精神をもって行い、市民・行政・企業が参画し、それぞれの責任を果たす市民社会の実現と、市民公益のために活動します。 （定款より）
まちの縁側の定義	「まちの縁側」とは、地域の小規模な民間資源を活用し（公共空間の私発活用を含む）、多様な世代・属性の人びとによる出会い・交流などの場所を常設し、または、領域横断的な情報を定期的に発信し、一定のアルジ・スタッフによって運営されている場所のことをいう。
参考文献	1. 季刊まちづくり6・まちの縁側特集、p.20-42、学芸出版社、2005年3月 2. 延藤安弘：人がつくる循環社会・おもむきを成す5Rのすすめ、環境会議、2004春号、宣伝会議発行 3. 延藤安弘：のびのび空間、わくわく世界、次から次の過程を育む「まちの縁側」—コミュニティ再生・再創造のアプローチ、CEL73号、2005年6月、大阪ガスエネルギー文化研究所
連絡先	NPO法人まちの縁側育くみ隊 Tel&Fax：052-936-1717 E-mail：info@engawa.ne.jp HP：http://www.engawa/ne.jp

神戸真野地区まち育て

地域の概要　三宮から約5キロほど西に位置し、国道2号線や新湊川・兵庫運河に囲まれた約39haの広さの一小学校区。若年層を中心とする人口の減少、高齢化、狭小道路、無接道敷地、権利関係の錯綜する低質老朽木造長屋の集積等のインナーシティ問題を抱えている。

まちづくり40年の歩み

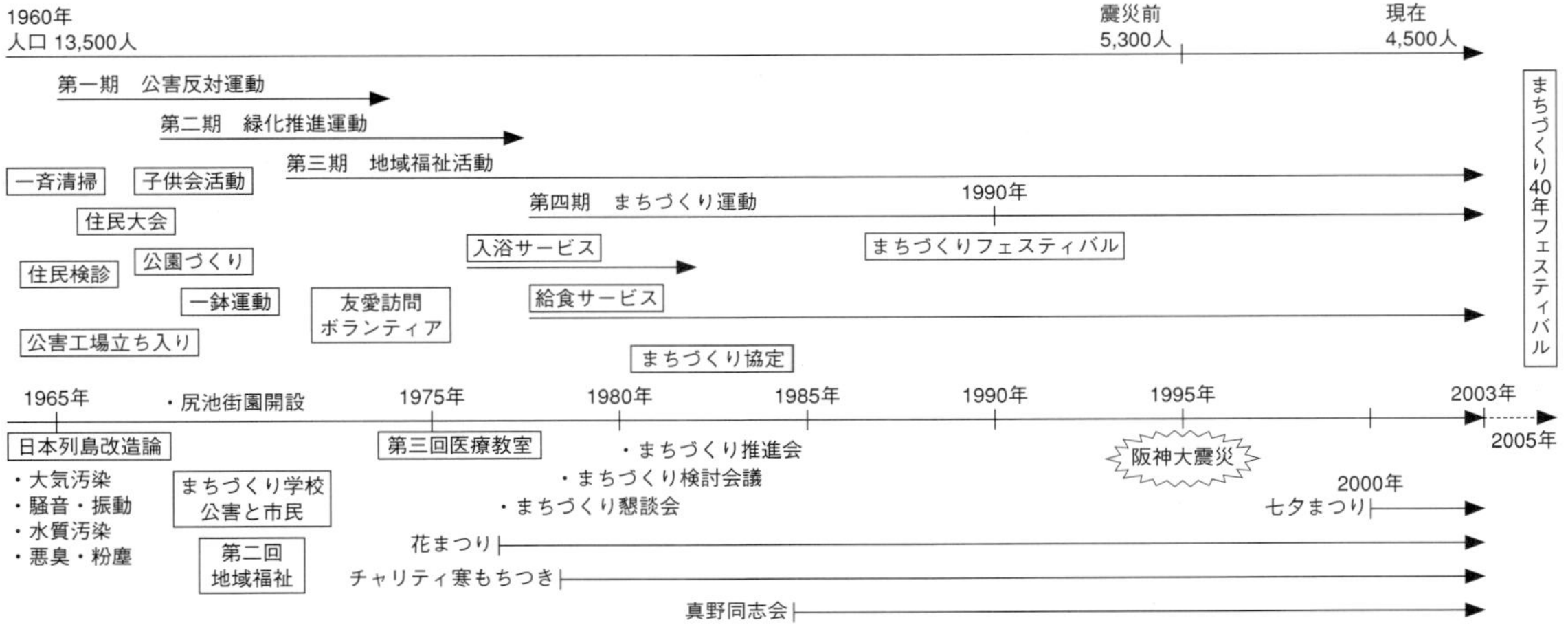

（出典）宮西悠司「市民参加のまちづくりと実践の課題」、月刊福祉2004年1月

参考文献

1. 延藤安弘：「まち育て」を育む―対話と協働のデザイン、東京大学出版会、2001年、p.102-114
2. 乾亨：中間的公共性としての地域コミュニティ「地域のことは地域で決める」とはどういうことか、学芸出版社、2003年、p.62-82
3. 真野地区復興記念誌、日本最長・真野まちづくり―震災10年を記念して、真野地区まちづくり推進会、2005年11月

連絡先　真野地区まちづくり推進会議　Tel：078-671-9834

コーポラティブ住宅ユーコート

地域の概要	京都市西京区の洛西ニュータウン内の福西公園の北に位置する。阪急桂駅から西に約3km。JR向日町駅から北に約2.5km。
建設の経緯	1982年3月に不特定京都市民に「生活者が主人公になる住まい・まちをつくりませんか」と「京の家創り会」(代表延藤安弘)は呼びかけた。やがて、洛西地域に48世帯の住み手グループが形成され、住宅・都市整備公団の公募(「グループ分譲住宅制度」)によって土地3300m^{2}が取得できた。1983年10月から1年間設計、1984年10月から施工に入り、翌年11月に竣工。
位置づけ	1974年から始まった現代コーポラティブ住宅運動は今日までに約8300戸、約400余のプロジェクトが成立している。コーポラティブ住宅には、先に土地を用意して事業主体がリードする「土地ありき」「事業主体主導型」と、共に住み手が集まり住み手たちが事業主体となる「生活ありき」「住み手主導型」がある。全体に前者が95%。後者はわずかに5%である。ユーコートは「住み手主導型」の代表的存在であり、わが国のコーポラティブ住宅の金字塔と評価されている。
基本属性	鉄筋コンクリート造、3～5階、48戸、容積率154.2%
参考文献	1. 延藤安弘：集まって住むことは楽しいナ―住宅で都市をつくる、鹿島出版会、1987年 2. 延藤安弘他：これからの集合住宅づくり、晶文社、1995年 3. 乾亨、梶山秀一郎：プロセスからものへ―ユーコートの歩みをたどる、建築文化 Vol.41、NO.473、彰国社、1986年3月

武蔵野緑町団地建替

地域の概要	武蔵野緑町JR中央線三鷹駅から北に1.5km。三鷹駅からバスで8分。交通至便でありながら、周辺には武蔵野市役所、野球場、陸上競技場などの公共施設が多く立地し、緑の豊かな地域に立地する。
団地建替の経過	1956年、日本住宅公団により、武蔵野の面影をとどめるグリーンパーク跡に、箱型、ポイントハウス等バラエティに富んだ住宅が建ち並ぶ1019戸の大団地が建てられる。1986年、公団は昭和30年代団地の建替を発表。翌年2月に緑町団地建替対策委員会発足。同3月に建替対策委員会ニュース「みどり町」発刊。1991年7月公団緑町団地建替指定。同時期、熊本大学延藤研究室(延藤安弘、他)と新建築家技術者集団(高木輝生、三浦史郎)は住民参加による建替計画づくり支援開始。1991年10月、建替事業に着手して、12年かかって2003年3月に計1095戸が完成。同4月、建替事業完成記念イベント。建替前の団地の居住資源であったループ道路沿いの桜並木や、団地内外東西を貫く中央緑道などを残したことによる居住者の評価は高い。高齢化の先をいく団地としては、お年寄りが安心して暮らせる環境づくりとして、毎日歩いて楽しい道づくり、集会所や老健施設でのラウンジ的なとりくみ等、ネットワークのしっかりしたコミュニティづくりを目指している。
基本属性の変化	敷地面積　78,091m^2、戸数1019戸(全て公団賃貸)→1095戸(公団賃貸855戸、都営住宅240戸)、容積率50.3%→144%
参考文献	1. 延藤安弘他：これからの集合住宅づくり、晶文社、1995年 2. 武蔵野緑町団地建替記録誌、2003年10月
連絡先	武蔵野緑町パークタウン自治会事務所 Tel：0422-36-0981

高知赤岡町まち育て

地域の概要

赤岡町は高知市から東へ約20km。車で約30分。高知竜馬空港から約7分のところにあり、人口約3,500人、面積が1.64km²で日本一小さな町であったが、2006年3月1日合併によって香南市赤岡町となる。江戸時代は土佐街道第1番の宿場町として栄え、今では昔の賑わいは失われたが、中心商店街の本町・横町商店街や、脇本陣跡や豪商の名残が感じられる建物が点在している。

「冬の夏まつり」他のとりくみ

赤岡町は、酒豪が集まる「ドロメ祭り」と極彩色の屏風絵が並ぶ「絵金祭り」という土佐を代表する祭りで知られている。その赤岡町に、もうひとつ「冬の夏祭り」がある。2005年で第11回を迎えるこの祭りは、1995年に町を訪ねてきたひとりの若者の「この町で、この町の人たちと何かやりたい」という一言から始まった。住民たちはこの町にふたたび元気を呼び戻し、いまあるモノ・使われなくなったモノに目を向け、価値を見出し、再生の道を探ろうということで「冬の夏祭り」の回を重ねている。
冬なのに夏祭りの賑わいをこの町に取り戻す、という思いを込めたこの祭りを通して、「こんな商店街がいいな」という気持ちをかたちにし、赤岡を訪れた人たちに、赤岡の生き方を感じてもらう、それも目標のひとつである。
多様な祭り、住民主体のまち育ての会合を重ねつつ、古い農協の米倉を改装して「絵金蔵」をつくり、指定管理者制度により若い女性が館長となり、住民によって運営している。さらに絵金歌舞伎のための「弁天座」という芝居小屋を建設しようとしている。

参考文献

1. 延藤安弘：人間の底ぢから・「冬の夏まつり」赤岡、まちの雑誌 NO.1、1995年5月、風土社、p.88〜94
2. 赤岡住まい・まちづくり物語、1999年、赤岡町発行
3. 犬が歩けば赤岡町、2001年11月、赤岡町まちの宝物ほめのこし隊発行

連絡先

冬の夏まつり実行グループ事務局　Tel：0887-55-3468

延藤安弘　本を軸としたプロフィール

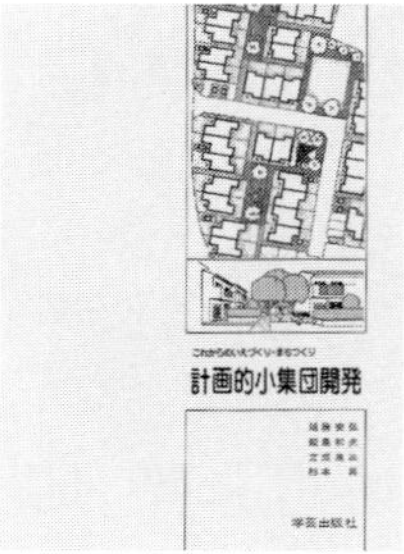

1960　北海道大学入学。建築工学科に進学し、建築を生活・社会・芸術の文脈でとらえたいと願う。

1964　西山夘三の『これからのすまい—住様式の話』ほかと電撃的出会いをし、京都大学大学院・西山研究室の門を叩く。

1976　学位論文『都市住宅供給に関する計画的研究』。ハウジングの先進的経験を蓄積するイギリスの研究をすすめる。

1979　日本の大都市の住宅地形成のミニ開発実態を分析しつつ、もうひとつの望ましい生活空間モデルの提示を仲間とともに『計画的小集団開発』（学芸出版社）にまとめる。

1981　ユーザー参加による計画的小集団開発の研究の具体的実践であり、イギリスのコーポラティブ住宅の日本的展開として、「あじろぎ横丁」（宇治市）や「ユーコート」（京都市）の企画・実践にかかわりはじめる。

1983　ユーコート・プロジェクトのなかで、「ヒト・クラシ・イノチ」への想像力を触発する絵本の力に気づかされ、この年、『こんな家に住みたいナ—絵本にみる住宅と都市』（晶文社）を上梓する。

1985　ユーコート竣工。同年、熊本大学へ赴任するも、翌年から十年間、夏休みごとに院生・学生を引き連れてユーコートなどへ合宿調査を重ね、住民参加の住まいづくり・まちづくりへの自信を深める。調査の詳細は『集まって住むことは楽しいナ』（鹿島出版会、1987）や『まちづくり読本』（晶文社、1990）にまとめられる。

1989　熊本で、みずからも住み手となるコーポラティブ住宅の企画・設計にたずさわる。その体験は『これからの集合住宅づくり』（晶文社、199

5）にまとめられ、住民との対話と協働によるコミュニティ・デザインの方法を理論・実践の両面で示す。

1997

92年から世田谷まちづくりセンターおよび同ファンドの設立にかかわり、身近な環境の価値を発見し、その感動を分かちあう「まちづくりコンクール」の活動へもおもむくが、この年、その成果を『わが町発見―絵地図づくりからまちづくりへ』（晶文社）に束ねる。また、住宅総合研究財団の住まい・環境学習の検討にたずさわり、『まちは子どものワンダーらんど』（風土社、1998）をまとめる。

2001

市民参加とは無縁の、固いハードづくり的「まちづくり」を超え、人間も環境もおたがいに育みあう「関係」づくりとしての「まち育て」を提起して、この年、『「まち育て」を育む―対話と協働のデザイン』（東大出版会）や『何をめざして生きるんや―人が変わればまちが変わる』（プレジデント社）を上梓する。その方法論は各地のユニークなコミュニティ・デザインの実践家たちとともに深められ、共著『対話による建築・まち育て』（学芸出版社、2003）へ展開される。

2003

3月、千葉大学を定年三年まえに辞す。公開シンポジウム「延藤安弘とその仲間たちの〈まち育て〉」でこれまでの仕事を中間総括。その内容はのちに編著『人と縁をはぐくむまち育て―まちづくりをアートする』（萌文社、2005）にまとめられる。名古屋へ移り、5月、まち育ての実践を地域に根づいて行なうためのNPO法人「まちの縁側育くみ隊」設立にかかわる。

2004

住民参加の考えはさらに川づくりや公共施設の設計へ展開され、四街道市「わろうべの里」（2003竣工）や一宮市や岡崎市等のプロジェクトへつながる。前者はこの年、共著『私たちの「いい川・いい川づくり」最前線』（学芸出版社）へまとめられる。

2006

「まちの縁側育くみ隊」主催のこれからの地域市民社会づくりの連続学習会を束ねて『私からはじまるまち育て―〈つながり〉のデザイン10の極意』（風媒社）にまとめる。

著者略歴

延藤安弘（えんどう・やすひろ）

1940年、大阪生まれ。京都大学大学院博士課程中退。熊本大学、名城大学、千葉大学教授をへて、2003年4月よりNPO法人「まちの縁側育くみ隊」代表理事。2005年4月より愛知産業大学大学院造形学研究科教授。工学博士。専攻は生活空間計画学。

意味ある小さな「出来事」の連続と人びとの意識のゆるやかな変容により、やがて「構造」を再編成していくという「まち育て」の仮説のもとに、人間・環境相互浸透論、ハウジング、コミュニティデザインを中心に研究と実践を重ねている。

おもな受賞：「コミュニティを生成するハウジングに関する一連の研究」で1990年日本建築学会論文賞受賞。「もやい住宅・Mポート」で1995年日本建築学会作品選奨受賞。『「まち育て」を育む―対話と協働のデザイン』で2001年度日本都市計画学会石川賞受賞。

【びじゅある講談】

おもろい町人《まちんちゅ》

住まう 遊ぶ つながる 変わる、 まち育て

二〇〇六年四月一日　初版印刷
二〇〇六年四月二十日　初版発行

著者——延藤安弘
写真——延藤安弘
北田英治（81、91ページ）
畠中洋行（112、114ページ）
装丁——新藤岳史
発行——株式会社太郎次郎社エディタス
東京都文京区本郷四—三—四—三F
〒一一三—〇〇三三
e-mail tarojiro@tarojiro.co.jp
URL http://www.tarojiro.co.jp
印刷・製本——厚徳社
定価——カバーに表示してあります。
ISBN4-8118-0718-9 C0036

まち育て・地域暮らしの本

「地域暮らし」宣言
——学校はコミュニティ・アート！

岸　裕司◉著

学校が地域コミュニティの拠点になった！　老若男女が小学校で憩い、集い、学ぶ。校庭はまるで公園のよう。活動の中心はお父さんたち。子どもは多様な大人のなかでゆっくり育つ。まちづくりと学校改革をセットで実現した習志野市秋津、「学社融合」実践のコツとツボ。

◉Ａ５判・一九〇〇円＋税

学校を基地に〈お父さんの〉まちづくり
——元気コミュニティ！　秋津

岸　裕司◉著

「できる人が、できるときに、無理なく、楽しく！」がモットー。飼育小屋やごろごろ図書室をお父さんたちの手づくりで。余裕教室を開放して、大人も楽しむコミュニティルームに。地域を〝寝に帰る場所〟から〝生きる場所〟へと変貌させた秋津実践、その始まりの物語。

◉四六判・一八〇〇円＋税

その手は命づな
——ひとりでやらない介護、ひとりでもいい老後

横川和夫◉著

介護する側・される側、どちらの人生も大切にしたい。そんなシステムをつくりたい。おたがいさまの他人同士だからこそ、できることがある。「まごころヘルプ」から「地域の茶の間」、「うちの実家」へと広がった住民相互の支えあいをルポ。あしたの介護と老後へのヒント。

◉四六判・一九〇〇円＋税

◉——定価は本体価格です。